AOS NOSSOS AMIGOS

TÍTULO ORIGINAL *A nos amis*
[cc] TRADUÇÃO Edições Antipáticas, 2015
[cc] n-1 edições, 2016

Embora adote a maioria dos usos editoriais do
âmbito brasileiro, a n-1 edições não segue
necessariamente as convenções das instituições
normativas, pois considera a edição um trabalho de
criação que deve interagir com a pluralidade de
linguagens e a especificidade de cada obra publicada.

COORDENAÇÃO EDITORIAL Peter Pál Pelbart
    e Ricardo Muniz Fernandes
ASSISTENTE EDITORIAL Isabela Sanches
TRADUÇÃO Edições Antipáticas
    [edicoesantipaticas.tumblr.com]
REVISÃO Vinícius Honesko, Humberto Amaral
PROJETO GRÁFICO Érico Peretta

A reprodução parcial sem fins lucrativos deste livro,
para uso privado ou coletivo, está autorizada, desde
que citada a fonte. Se for necessária a reprodução na
íntegra, solicita-se entrar em contato com os editores.

n-1 edições
2ª edição | São Paulo | março de 2018
n-1edicoes.org

comitê invisível

AOS NOSSOS AMIGOS

CRISE E INSURREIÇÃO

11	As insurreições finalmente chegaram
23	*Merry crisis and happy new fear*
49	Eles querem nos obrigar a governar, mas não vamos cair nessa provocação
97	O poder é logístico. Bloqueemos tudo!
121	*Fuck off* Google
159	Desapareçamos
203	Nossa única pátria: a infância
235	*Omnia sunt communia*
265	*Today Libya, tomorrow Wall Street*

Dados Internacionais de Catalogação na Publicação (CIP)
(Câmara Brasileira do Livro, SP, Brasil)

Aos nossos amigos : crise e insurreição / Comitê
    Invisível ; [tradução Edições Antipáticas]. --
    São Paulo : n-1 edições, 2016.
    ISBN 9788566943207

    Título original: A nos amis

    1. Motins 2. Problemas sociais - 1990-
3. Resistência ao governo - 1990- 4. Revoluções -
1990- I. Comitê Invisível.

16-03965   CDD-303.484

    Índices para catálogo sistemático:
1. Movimentos sociais : Sociologia 303.484

PARA BILLY, GUCCIO, ALEXIS E JEREMY HAMMOND,
PORTANTO,

"NÃO HÁ OUTRO MUNDO. HÁ SIMPLESMENTE UMA OUTRA MANEIRA DE VIVER"

JACQUES MESRINE

AS INSURREIÇÕES FINALMENTE CHEGARAM. E chegaram em um ritmo tal e em tantos países, a partir de 2008, que é todo o conjunto deste mundo que parece, fragmento após fragmento, se desintegrar. Há dez anos, predizer um levante iria expô-los à zombaria dos bem acomodados; hoje, são aqueles que anunciam o regresso à ordem que fazem papel de palermas. Não há nada de mais sólido, de mais assegurado, diziam-nos, do que a Tunísia de Ben Ali, a Turquia atarefada de Erdogan, a Suécia social-democrata, a Síria baathista, o Quebec sob efeito de tranquilizantes ou o Brasil das praias, do Bolsa Família e das Unidades de Polícia Pacificadora. Vimos o que aconteceu depois. A estabilidade morreu. Daí para a frente, também na política se passou a refletir duas vezes antes de atribuir um triplo A.

Uma insurreição pode estourar a qualquer momento, por qualquer motivo, em qualquer país; e levar não importa aonde. Os dirigentes caminham entre abismos. Até mesmo as suas sombras parecem ameaçá-los. *Que se vayan todos!* era um slogan; se tornou sabedoria popular — um rumor baixo e contínuo desta época, um murmúrio que vai de boca em boca até se elevar verticalmente, como um machado, no momento em que menos se espera. Os políticos mais *maliciosos* até fizeram promessas de campanha. Eles não têm escolha. A repugnância irremediável, a pura negatividade, a recusa absoluta são as únicas forças políticas discerníveis neste momento.

As insurreições chegaram, mas não a revolução. Raramente veremos, como nestes últimos anos, num lapso de tempo tão condensado, tantas sedes do poder oficial tomadas de assalto, desde a Grécia até à Islândia. Ocupar praças bem no centro das cidades e aí montar barracas, e aí erguer barricadas, refeitórios ou tendas, e aí reunir assembleias, tudo isso em breve se tornará um reflexo político básico, como ontem foi a greve. Parece que esta época começou a segregar até seus próprios clichês — começando por esse *All Cops are Bastards* (A.C.A.B.) que, a cada golpe de revolta, surge pichado nas paredes decrépitas das cidades, no Cairo como em Istambul, em Roma como em Paris ou no Rio.

Mas por maior que seja a desordem sob os céus, a revolução parece sempre se asfixiar na fase de motim. Na melhor das hipóteses, uma mudança de regime sacia a necessidade de mudar o mundo por um tempo, mas logo se volta à mesma insatisfação. Na pior, a revolução serve de estribo a esses que, falando em nome dela, se preocupam apenas em enterrá-la. Em certos lugares, como na França, a inexistência de forças revolucionárias suficientemente confiantes em si mesmas abre caminho àqueles cuja única ocupação é justamente simular a autoconfiança e de apresentá-la como espetáculo: os fascistas. A impotência amargurada.

Nesse ponto, é preciso admitir, nós, os revolucionários, fomos derrotados. Não porque não perseguimos a "revolução" enquanto *objetivo* após 2008, mas porque fomos privados, continuamente, da revolução enquanto *processo*. Quando fracassamos, podemos ou culpar o mundo inteiro, elaborando toda espécie de explicações, até mesmo explicações *científicas*, com base em mil ressentimentos, ou então podemos nos questionar sobre estes pontos de apoio de que o inimigo dispõe em nós, e que determinam o caráter repetido, não fortuito, de nossas derrotas. Talvez

13   *As insurreições finalmente chegaram*

possamos nos questionar sobre o que resta, por exemplo, de *esquerda* nos revolucionários, e que os condena não apenas à derrota, mas a um efeito de repulsa quase que generalizado. Essa maneira de professar certa superioridade moral que não está a seu alcance, é, por exemplo, um pequeno defeito herdado da esquerda. Da mesma forma, essa pretensão insuportável de decretar a forma justa de viver — aquela que é verdadeiramente progressista, esclarecida, correta, desconstruída, imaculada. Pretensão que enche qualquer pessoa relegada à classe dos reaças-conservadores-obscurantistas-limitados-caipiras-ultrapassados de desejos assassinos. A rivalidade apaixonada dos revolucionários com a esquerda, longe de os libertar, é precisamente o que os mantém no seu terreno. Soltemos as amarras!

Depois d'*A insurreição que vem*,[1] fomos aos lugares que na época se incendiavam. E foi junto aos camaradas de vários países e de várias tendências que nós lemos, lutamos, conversamos, e que também teimamos

---

1. Comitê invisível, *A insurreição que vem*. Trad. port. de Edições Antipáticas. Cascais: Edições Antipáticas, 2013. Disponível em: <http://arquivo.n-1edicoes.org/livros/insurreicao_que_vem.pdf>].

contra os obstáculos invisíveis do tempo. Alguns de nós morreram, outros conheceram a prisão. E nós persistimos. Não desistimos nem de construir mundos, nem de atacar este. Voltamos de nossas viagens com a certeza de que não vivemos revoltas erráticas, separadas, que ignoravam umas às outras e que ainda não estavam conectadas entre si. Isso é o que a notícia em tempo real, na sua gestão calculada das percepções, simula; é o trabalho da contrainsurreição, que começa desde essa escala mais ínfima. Nós não somos contemporâneos de revoltas esparsas, mas de uma única onda mundial de levantes que se comunicam entre si de maneira imperceptível. De uma sede universal de encontros que apenas uma separação universal pode explicar. De um ódio generalizado pela polícia que expressa a lúcida recusa da atomização geral por ela supervisionada. Por todo lado se lê a mesma inquietação, o mesmo pânico, ao qual respondem os mesmos sobressaltos de dignidade, e não de indignação. O que acontece mundo afora desde 2008 não constitui uma série sem coerência de erupções absurdas que ocorrem em espaços nacionais herméticos. É uma única sequência histórica que se desenrola numa estrita unidade de espaço e de tempo, da Grécia ao Chile

— e apenas um ponto de vista *sensivelmente mundial* permite elucidar seu significado. Nós não podemos deixar o pensamento aplicado dessa sequência apenas aos *think tanks* do capital.

Por mais localizada que seja, toda insurreição emite sinais para além de si própria; ela contém, de imediato, algo de mundial. Através dela, nós nos elevamos à altura da época presente. Mas a época é também o que encontramos no fundo de nós mesmos, quando aceitamos descer até lá, quando interrogamos aquilo que vivemos, vemos, sentimos, percebemos. Há um método de conhecimento e uma regra de ação aí; e há também aquilo que explica a conexão subterrânea entre a pura intensidade política do combate de rua e a crua presença em si do solitário. É no fundo de cada situação e no fundo de cada um que é preciso procurar a época. É aí que "nós" nos encontramos, é aí que se fazem os verdadeiros amigos, dispersos pelos quatro cantos do globo, mas que caminham juntos.

Ao menos em um aspecto os conspiracionistas são contrarrevolucionários; eles reservam o privilégio de conspirar às elites do poder. Se é evidente que os poderosos tramam para preservar e estender as suas posições, não é menos certo que *há conspiração por todo lado* — nas entradas dos prédios, junto às máquinas de café, nos fundos dos kebabs, nas ocupações, nos ateliês, nas prisões, nas noites, nos amores. E todos esses laços, todas essas conversas, todas essas amizades tecem por capilaridade, à escala mundial, um partido histórico em construção — "o nosso partido", como dizia Marx. Há, realmente, face à conspiração objetiva da ordem das coisas, uma conspiração difusa à qual nós de fato pertencemos. Mas em seu seio reina a maior das confusões. Por todo lado nosso partido se confronta com sua própria herança ideológica; ele se assenta sobre uma enorme tela de tradições revolucionárias desfeitas e defuntas, mas que exigem respeito. Ora, a inteligência estratégica vem do coração, e não do cérebro, e o erro da ideologia é precisamente criar uma barreira entre pensamento e coração. Em outros termos: temos que forçar a porta a partir de onde já estamos. O único partido a ser construído é aquele que já está aí. Temos de nos livrar de todo esse amontoado mental que obstrui uma compreensão clara de nossa situação comum, da nossa "comum terrestritude", conforme a expressão de Gramsci. Nossa herança não é precedida por nenhum testamento.

Como em todos os slogans publicitários, as palavras de ordem "nós somos os 99%" ganha sua eficácia não pelo que diz, mas pelo que não diz. O que ela não diz é a identidade do 1% de poderosos. O que caracteriza o 1% não é que eles sejam ricos — há muito mais do que 1% de ricos nos Estados Unidos —, não é que sejam célebres — eles são, pelo contrário, discretos, e, hoje em dia, quem não tem direito aos seus quinze minutos de fama? O que caracteriza o 1% é que eles estão *organizados*. Eles até se organizam para organizar a vida dos outros. A verdade desse slogan é bem cruel, sobretudo porque o número ali não serve para nada: podemos ser 99% e estar perfeitamente dominados. Pelo contrário, os saques coletivos de Tottenham demonstram suficientemente bem que deixamos de ser pobres a partir do momento em que começamos a nos organizar. Há uma diferença considerável entre uma massa de pobres e uma massa de pobres determinados a agir em conjunto.

Se organizar nunca quis dizer se filiar a uma mesma organização. Se organizar é agir segundo uma percepção comum, em qualquer nível que seja. Ora, o que faz falta à situação não é a "cólera das pessoas" ou a penúria, não é a boa vontade dos militantes nem a difusão da consciência crítica, nem mesmo a multiplicação do gesto anarquista. O que nos falta é uma percepção partilhada da situação. Sem essa ligatura, os gestos se apagam no nada e sem deixar vestígios, as vidas têm a textura dos sonhos, e os levantes terminam nos livros escolares.

A profusão cotidiana de informações — alarmantes para uns, apenas escandalosas para outros — molda nossa apreensão de um mundo globalmente não inteligível. Seu aspeto caótico é a névoa de guerra por trás da qual ele se torna inatacável. É por meio de seu aspecto ingovernável que ele é *realmente* governável. É aí que está a malícia. Ao adotar a gestão da crise como técnica de governo, o capital não se limitou apenas a substituir o culto do progresso pela chantagem da catástrofe, ele quis reservar para si a inteligência estratégica do presente, a visão de conjunto sobre as operações em curso. E é isso que é importante disputar com ele. Trata-se, em matéria de estratégia, de voltarmos a estar dois passos à frente em relação à governança global. Não há uma "crise" da qual é preciso sair, há uma guerra que precisamos ganhar.

Uma inteligência partilhada da situação não pode nascer apenas de um texto, mas de um debate internacional. E, para que um debate aconteça, é preciso posicionar algumas peças. Eis aqui uma delas. Submetemos a tradição e as posições revolucionárias à pedra de toque da conjuntura histórica e procuramos cortar os mil fios ideais que amarram o Gulliver da revolução ao solo. Procuramos, tateando, as passagens, os gestos, os pensamentos que poderiam permitir a saída do impasse atual. Não há movimento revolucionário sem uma linguagem capaz de exprimir, ao mesmo tempo, a condição que nos é apresentada e o possível que a fissura. O que se segue é uma contribuição para a sua elaboração. Nesse sentido, este texto é editado simultaneamente em oito línguas e sobre quatro continentes. Se estamos por todos os lados, se somos legião, temos agora que nos organizar, mundialmente.

Atenas, dezembro de 2008

MERRY CRISIS AND HAPPY NEW FEAR

I. A CRISE É UM MODO DE GOVERNO

Nós, revolucionários, somos os grandes cornos da história moderna. E somos sempre, de uma forma ou de outra, cúmplices da nossa própria corneada. O fato é doloroso e, por causa disso, geralmente negado. Tivemos uma fé cega na *crise*, uma fé tão cega e tão antiga que não percebemos a ordem neoliberal fazer da crise uma peça-chave do seu arsenal. Marx escrevia, nos dias seguintes a 1848: "Uma nova revolução só será possível na sequência de uma nova crise. Mas aquela é tão certa como esta." E ele efetivamente passaria o resto dos seus dias a profetizar, ao menor espasmo da economia mundial, a grande crise final do capital, que em vão terá aguardado. Ainda há marxistas capazes de nos vender a presente crise como "*The Big One*", obrigando-nos a esperar sua curiosa espécie de julgamento final.

"Se quiserem impor uma mudança", aconselhava Milton Friedman aos seus Chicago Boys, "desencadeiem uma crise". O capital, longe de temer as crises, hoje se esforça para produzilas de maneira experimental. Da mesma forma que se provocam avalanches para controlar o momento em que elas ocorrem e o domínio de sua amplitude. Da mesma forma que se incendeiam planícies para garantir que um incêndio ameaçador ali se extinga por falta de combustível. "Onde e quando" é uma questão de oportunidade ou de necessidade tática. É de conhecimento público que, em 2010, o recém-nomeado diretor do Instituto Grego de Estatísticas (Elstat) falsificou continuamente as contas da dívida do país, tornando-as mais graves e dando, assim, justificativas para a intervenção da Troika. É fato, portanto, que a "crise das dívidas soberanas" foi iniciada por um homem que, à época, ainda era um agente remunerado oficial do FMI, instituição que supostamente iria "ajudar" os países a saírem da dívida. Tratava-se, ali, de experimentar, em escala real, num país europeu, o projeto neoliberal de reformulação completa de uma sociedade, os efeitos de uma boa política de "ajustamento estrutural".

Com sua conotação terapêutica, a crise foi, durante toda a modernidade, essa coisa natural que surgia de maneira inesperada ou cíclica, impondo a necessidade de uma decisão, de uma decisão que colocaria um fim na insegurança geral da situação crítica. O final era feliz ou infeliz, segundo a justeza da medicação aplicada. O momento crítico era também o momento *da* crítica — o breve intervalo em que se abria o debate relativo aos sintomas e à medicação. Nos dias de hoje, não resta nada disso. O remédio já não serve para pôr fim à crise. Pelo contrário, a crise é desencadeada com o objetivo de introduzir o remédio. A partir de agora, fala-se de "crise" a propósito daquilo que se pretende reestruturar, tal como se designa por "terroristas" aqueles a quem se planeja atacar. Dessa forma, a "crise das *banlieues*" [subúrbios], na França, em 2005, anunciou a maior ofensiva urbanística dos últimos trinta anos contra as ditas *banlieues*, orquestrada diretamente pelo Ministério do Interior.

Para os neoliberais, o discurso da crise é um discurso duplo — eles preferem falar, entre si, de "verdade dupla". Por um lado, a crise é o momento vivificante da "destruição criadora" que cria oportunidades, inovação, empreendedores, em que só os melhores, os mais motivados, os mais competitivos sobreviverão. "Talvez a mensagem do capitalismo seja no fundo: a 'destruição criadora', a recusa de tecnologias obsoletas e de velhos modos de produção em proveito de novos é a única forma de elevar os níveis de vida. [...] O capitalismo cria um conflito em cada um de nós. Nós somos alternadamente o empreendedor agressivo e o acomodado que, no mais íntimo de si, prefere uma economia menos competitiva e estressante, na qual todos ganhariam a mesma coisa", escreve Alan Greenspan, o diretor do Banco Central norte-americano de 1987 a 2006. Por outro lado, o discurso da crise intervém como método político de gestão das populações. A reestruturação permanente de tudo — dos organogramas aos programas sociais, das empresas aos bairros — através de uma perturbação constante das condições de existência é a única forma de organizar a inexistência do partido opositor. A retórica da mudança serve para desmantelar qualquer hábito, quebrar quaisquer laços, desfazer qualquer evidência, dissuadir qualquer solidariedade, manter uma insegurança existencial crônica. Ela corresponde a uma estratégia que se formula nestes termos: "Prevenir, por via da crise permanente, toda e qualquer crise efetiva." Isso se assemelha, na escala do cotidiano, à bem conhecida prática contrainsurrecional de "desestabilizar para estabilizar" que consiste, para as autoridades, em suscitar o caos voluntariamente a fim de tornar a ordem mais desejável do que a revolução. Da microgestão à gestão de países inteiros, manter a população siderada, desamparada, numa espécie de estado de choque constante a partir do qual se pode fazer praticamente o que se quiser com todos e com cada um de nós. A depressão em massa que afeta os gregos, hoje, é o produto *deliberado* da política da Troika, e não o seu efeito colateral.

Foi por não terem compreendido que a "crise" não era um fato econômico, mas uma técnica política de governo, que alguns foram ridicularizados ao proclamarem apressadamente, quando da explosão do embuste dos *subprimes*, a "morte do neoliberalismo". Não vivemos uma crise do capitalismo, mas, pelo contrário, o triunfo do capitalismo de crise. "A crise" significa: o governo cresce. Ela se tornou a *ultima ratio* daquilo que reina. A modernidade costumava medir tudo à luz do atraso arcaico do qual nos pretendia arrancar; daqui em diante, tudo se mede à luz de seu desmoronamento próximo. Quando se corta pela metade o vencimento dos funcionários públicos gregos, isso é feito sob o argumento de que seria possível nunca mais lhes pagar. A cada vez que se aumenta o tempo de contribuição dos assalariados franceses para a seguridade social, isso é feito sob pretexto de "salvar o sistema de aposentadorias". A crise presente, permanente e omnilateral, já não é a crise clássica, o momento decisivo. Pelo contrário, ela é um final sem fim, apocalipse sustentável, suspensão indefinida, diferimento eficaz do afundamento coletivo e, por tudo isso, estado de exceção permanente. A crise atual já não promete nada: ela tende, pelo contrário, a libertar quem governa de toda e qualquer contrariedade quanto aos meios aplicados.

2. A VERDADEIRA CATÁSTROFE É EXISTENCIAL E METAFÍSICA

As épocas são orgulhosas. Cada uma se vê como única. O orgulho da nossa é realizar a colisão histórica de uma crise ecológica planetária, de uma crise política generalizada das democracias e de uma inexorável crise energética, sendo o todo coroado por uma crise econômica mundial crescente e "sem equivalente desde há um século". E isso agrada, e isso aguça o nosso prazer de viver uma época sem igual. Basta abrir os jornais dos anos 1970, ler o relatório do Clube de Roma sobre os *limites do crescimento*[1] de 1972, o artigo do cibernético Gregory Bateson sobre "The Roots of Ecological Crisis", de março de 1970, ou o relatório *The Crisis of Democracy* publicado em 1975 pela Comissão Trilateral para constatar que vivemos sob o astro obscuro da crise integral pelo menos desde o início dos anos 1970. Um texto de 1972 como *Apocalisse e rivoluzione*, de Giorgio Cesarano, já faz uma análise disso de forma lúcida. Se o sétimo selo foi aberto num momento preciso, isso não data de ontem, portanto.

No final de 2012, o oficialíssimo Center for Disease Control norte-americano distribuiu, para variar um pouco, uma história em quadrinhos. Seu título: *Preparedness 101: Zombie apocalypse*. A ideia é simples: a população deve estar pronta para qualquer

---

1. Donella Meadows, Jorgen Randers, Dennis Meadows e William Behrens III. *The Limits to Growth*. Nova York: Universe Books, 1972 [Ed. bras.: *Limites do crescimento*, trad. de Inês Litto. São Paulo: Perspectiva, 1973].

eventualidade, uma catástrofe nuclear ou natural, uma avaria generalizada do sistema ou uma insurreição. O documento terminava assim: "Se vocês estão preparados para um apocalipse zumbi, é porque estão prontos para qualquer situação de emergência." A figura do zumbi provém da cultura vodu haitiana. No cinema norte-americano, as massas revoltadas de zumbis servem cronicamente de alegoria à ameaça de uma insurreição generalizada do proletariado negro. Portanto, é até mesmo para *isso* que é preciso estar *preparado*. Agora que já não é mais possível apontar a ameaça soviética para garantir a coesão psicótica dos cidadãos, tudo serve para manter a população pronta para se defender, isto é, para *defender o sistema*. Manter um terror sem fim para prevenir um fim aterrador.

Toda a falsa consciência ocidental está reunida nessa história em quadrinhos oficial. É evidente que os verdadeiros mortos-vivos são os pequeno-burgueses dos *suburbs* norte-americanos. É evidente que a tola preocupação pela sobrevivência, a angústia econômica de tudo faltar, o sentimento de uma forma de vida rigorosamente insustentável, não é o que virá após a catástrofe, mas o que anima, aqui e agora, a desesperada *struggle for life* de cada indivíduo no regime neoliberal. Não é a vida declinante que é ameaçadora, mas a que já está aqui, cotidianamente. Todos o veem, todos o sabem, todos o sentem. Os *Walking Dead* são os *salary men*. Se esta época é louca por encenações apocalípticas, que preenchem boa parte da produção cinematográfica, não o é apenas pelo prazer estético que esse gênero de distração permite. De resto, o Apocalipse de João já tem tudo de uma fantasmagoria hollywoodiana, com seus ataques aéreos de anjos libertados, seus dilúvios inenarráveis, seus flagelos espetaculares. Só a destruição universal, a morte de tudo, pode longinquamente dar ao funcionário suburbano o sentimento de estar vivo, ele que, dentre todos, é o *menos vivo*. "Que isto acabe!" e "que isto dure!" são os dois suspiros que nutrem de modo alternado uma mesma angústia civilizada. A isso se junta um velho gosto calvinista pela mortificação: a vida é uma prorrogação, nunca uma plenitude. Não foi em vão que falamos de "niilismo europeu". De resto, uma mercadoria que se exportou tão bem que o mundo já está saturado. Em matéria de "globalização neoliberal" tivemos sobretudo a *globalização do niilismo*.

Em 2007 escrevíamos que "aquilo com que nos defrontamos não é a crise de uma sociedade, mas a extinção duma civilização". À época, esse gênero de discurso fazia qualquer um passar por iluminado. Mas a "crise" passou por ali. E até a ATTAC [Associação para a Taxação das Transações Financeiras para a Ajuda aos Cidadãos] reconhece uma "crise de civilização" — o que serve de exemplo. De forma mais pungente, um norte-americano veterano da guerra do Iraque que se tornou consultor em "estratégia" escrevia o seguinte, em 2013, no *New York Times*,: "Atualmente, quando perscruto o futuro, vejo o mar devastando o sul de Manhattan. Vejo motins de famintos, furacões e refugiados climáticos. Vejo os soldados do 82º Regimento Aéreo atirando em saqueadores. Vejo apagões elétricos generalizados, portos devastados, resíduos de Fukushima e epidemias. Vejo Bagdá. Vejo a península de Rockaway submersa. Vejo um mundo estranho e precário. [...] O problema que as alterações climáticas levantam não é o de saber como o Ministério da Defesa vai se preparar para as guerras por matériaprima, ou como deveríamos levantar diques para proteger Alphabet City, ou quando é que evacuaremos Hoboken. E o problema não será resolvido pela compra de um automóvel híbrido, pela assinatura de tratados ou por desligar o ar condicionado.

A maior parte do problema é filosófica, trata-se de compreender que a nossa civilização *já morreu.*" Logo após a Primeira Guerra Mundial ela ainda era considerada "mortal"; coisa que, em todos os sentidos da palavra, inegavelmente era.

Na verdade, faz já um século que o diagnóstico clínico do fim da civilização ocidental está estabelecido e subscrito pelos acontecimentos. Dissertar sobre isso não passa, desde então, de uma forma de entretenimento. Mas é sobretudo uma forma de distração da catástrofe *que está aqui,* e já há bastante tempo, da catástrofe *que nós somos,* da catástrofe *que é* o Ocidente. Esta catástrofe é, acima de tudo, existencial, afetiva, metafísica. Reside na incrível estranheza do homem ocidental em relação ao mundo, estranheza que exige, por exemplo, que ele se faça amo e possuidor da natureza — só se procura dominar aquilo que se teme. Não foi por acaso que ele colocou tantas *telas* entre si e o mundo. Ao se subtrair do existente, o homem ocidental criou essa extensão desolada, esse nada sombrio, hostil, mecânico, absurdo que ele tem que transformar incessantemente por meio de seu *trabalho,* por meio de um ativismo canceroso, por meio de uma histérica agitação superficial. Rejeitado sem tréguas, da euforia à imbecilidade e da imbecilidade à euforia, tenta atenuar sua privação de mundo por toda uma acumulação de especializações, próteses e relações, toda uma quinquilharia tecnológica que é por fim decepcionante. Ele é, visivelmente, cada vez mais e mais esse *existencialista superequipado*, que tudo engendra, que tudo recria de modo contínuo, sem conseguir suportar uma realidade que, por todos os lados, o ultrapassa. "Compreender o mundo, para um homem", admitia sem rodeios o idiota do Camus, "é reduzi-lo ao humano, marcá-lo com seu selo". O homem ocidental tenta, de forma vulgar, encantar seu divórcio com a existência, consigo próprio, com "os outros" — esse inferno! —, designando isso como sua "liberdade", quando não à força de festas mesquinhas, distrações imbecis ou pela utilização massiva de drogas. A vida é efetiva e afetivamente ausente para ele, uma vez que a vida o repugna; no fundo, ela o leva à náusea. Tudo o que o real contém de instável, de irredutível, de palpável, de corporal, de pesado, de calor e de cansaço, eis aquilo de que ele conseguiu se proteger, projetando-o para o plano ideal, visual, distante, digital da internet, sem fricção nem lágrimas, sem morte nem cheiro.

A mentira de todo e qualquer apocalíptico ocidental consiste em projetar sobre o mundo o luto que nós não lhe podemos fazer. Não foi o mundo que se perdeu, fomos *nós* que perdemos o mundo e o perdemos sem parar; não é ele que *em breve* vai acabar, somos *nós* que *estamos acabados*, amputados, cortados, *nós* que recusamos alucinadamente o contato vital com o real. A crise não é econômica, ecológica ou política, *a crise é antes de tudo crise de presença*. A tal ponto que o *must* da mercadoria — o iPhone e o Hummer, em geral — consiste numa aparelhagem sofisticada da ausência. Por um lado, o iPhone concentra todas as formas de acesso possíveis ao mundo e aos outros num único objeto; ele é a lâmpada e a máquina fotográfica, o nível do pedreiro e o gravador do músico, a televisão e a bússola, o guia turístico e o meio de comunicação; por outro lado, ele é a prótese que barra toda a disponibilidade ao que está aqui e que me coloca num regime de semipresença constante, cômoda, retendo nele, a todo o momento, uma parte do meu estar-aqui. Há pouco tempo, até, foi lançado um aplicativo para smartphone desenvolvido para corrigir o fato de que "a nossa conexão 24/7 ao mundo digital nos desliga do mundo real à nossa volta". Seu nome brilhante é GPS *for the soul*. Já o Hummer é a possibilidade de transportar minha bolha autista, minha impermeabilidade em relação a tudo, até aos recantos mais inacessíveis da "natureza"; e de regressar *intacto*. Que o Google anuncie a "luta contra a morte" como novo horizonte industrial diz bastante sobre como nos equivocamos *sobre o que é a vida*.

No ápice de sua demência, o Homem se autoproclamou como "força geológica"; chegando ao ponto de dar o nome da sua espécie a uma fase da vida do planeta: pôs-se a falar de "antropoceno". Uma última vez, ele se atribuiu o papel principal, mesmo que seja para se incriminar por ter pilhado tudo — os mares e os céus, os solos e os subsolos —, mesmo que seja para admitir sua culpa pela extinção sem precedentes das espécies vegetais e animais. Mas o que há de mais notável é que o desastre produzido por sua própria relação desastrosa com o mundo é sempre tratado da maneira igualmente desastrosa. Ele *calcula* a velocidade com que as calotas polares desaparecem. Ele *mede* o extermínio das formas de vida não humanas. Sobre as alterações climáticas, ele não fala a partir da sua experiência sensível — sobre aquele pássaro que já não volta na mesma época do ano, sobre aquele inseto do qual já não se ouvem as estridulações, sobre aquele planta que já não floresce ao mesmo tempo que essa outra. Ele fala com números, com médias, cientificamente. Ele pensa ter dito algo quando estabelece que a temperatura vai subir tantos graus e que a precipitação vai diminuir tantos milímetros. Ele até fala em "biodiversidade". Ele observa a rarefação da vida na terra *a partir do espaço*. Cheio de orgulho, ele pretende agora, paternalmente, "proteger o ambiente", o qual nunca lhe pediu nada do tipo. Há todas as razões para pensar que esse é seu último movimento ousado em uma partida que não pode ser vencida.

O desastre objetivo nos serve, antes de mais nada, para mascarar uma outra devastação, ainda mais evidente e ainda mais massiva. O esgotamento dos recursos naturais provavelmente está muito menos avançado do que o esgotamento dos recursos subjetivos, dos recursos vitais que atinge nossos contemporâneos. Se nos satisfazemos tanto ao detalhar a devastação do ambiente, é também para cobrir a assustadora ruína das interioridades. Cada maré negra, cada planície estéril, cada extinção de espécies é uma imagem das almas em farrapos, um reflexo de nossa ausência do mundo, de nossa impotência íntima para habitá-lo. Fukushima oferece o espetáculo dessa perfeita falência do homem e de seu domínio, que não engendra mais do que ruínas — e essas planícies nipônicas aparentemente intactas, mas onde ninguém poderá viver por décadas. Uma decomposição interminável que acaba por tornar o mundo de todo inabitável: o Ocidente acabará por pedir emprestado seu modo de existência ao que ele mais receia — o resíduo nuclear.

A esquerda da esquerda, quando lhe perguntam em que consistiria a revolução, apressa-se a responder: "colocar o humano no centro." O que essa esquerda não percebe é o quanto o mundo está cansado do humano, o quanto nós estamos cansados da humanidade — essa espécie que se considerou a joia da criação, que se considerou no direito de tudo pilhar, pois tudo lhe pertencia. "Colocar o humano no centro" era o projeto ocidental. Levou ao que sabemos. Chegou o momento de abandonar o barco, de trair a espécie. Não há nenhuma grande família humana que existiria separadamente de cada um dos mundos, de cada um dos universos familiares, de cada uma das formas de vida espalhadas pela Terra. Não há humanidade, há apenas os terráqueos e seus inimigos

— os Ocidentais, qualquer que seja sua cor de pele. Nós, revolucionários, com nosso humanismo atávico, faríamos bem em prestar atenção aos ininterruptos levantes dos povos indígenas da América Central e da América do Sul, nesses últimos vinte anos. Suas palavras de ordem poderiam ser: "colocar a Terra no centro." É uma declaração de guerra *contra o Homem*. Declarar-lhe guerra, talvez seja esta a melhor forma de o fazer voltar à terra — se ele não se fizer de surdo, como sempre.

3. O APOCALIPSE ENGANA

Em 21 de dezembro de 2012, não menos do que trezentos jornalistas provenientes de dezoito países invadiram a pequena vila de Bugarach, no departamento francês de Aude. Nunca um fim dos tempos havia sido anunciado para essa data em qualquer calendário Maia decifrado até hoje. O rumor de que essa vila tinha uma pequena relação com essa profecia inexistente era uma piada óbvia. No entanto, as televisões de todo o mundo despacharam para lá exércitos de repórteres. Estávamos curiosos para ver se há *mesmo* pessoas capazes de acreditar no fim do mundo, nós que já nem conseguimos acreditar no mundo, que temos a maior das dificuldades em acreditar em nossos próprios amores. Nesse dia, em Bugarach, não havia ninguém, ninguém a não ser oficiais do espetáculo, em grande número. Os jornalistas acabaram por fazer notícia sobre si mesmos, sobre essa espera sem objeto, sobre o tédio e o fato de que nada acontecia. Apanhados em sua própria armadilha, eles mostravam a face do verdadeiro fim do mundo: os jornalistas, a espera, a greve de acontecimentos.

Não podemos subestimar o frenesi de apocalipse, a sede de Armagedom que atravessa a época. Sua pornografia existencial reside em documentários de antecipação que mostram, com infográficos, nuvens de gafanhotos que virão atacar as vinhas de Bordeaux em 2075, e as hordas de "migrantes climáticos" que tomarão de assalto as costas do sul da Europa — aquelas que a agência europeia Frontex assume desde já o dever de dizimar. Nada é mais velho do que o fim do mundo. A paixão apocalíptica sempre foi favorecida pelos impotentes, desde a mais longínqua antiguidade. A novidade é que vivemos uma época em que o apocalipse foi integralmente absorvido pelo capital e posto a seu serviço. O horizonte de catástrofe é aquele a partir do qual nós somos atualmente governados. Ora, se realmente há uma coisa destinada a não ser concretizada é a profecia apocalíptica, seja ela econômica, climática, terrorista ou nuclear. Ela só é enunciada para convocar os meios de a afastar, o que quase sempre significa a necessidade de governo. Nunca uma organização, política ou religiosa, se considerou vencida porque os fatos desmentiam suas profecias. Isso porque o objetivo da profecia nunca é ter razão sobre o futuro, mas *operar sobre o presente*: impor aqui e agora a espera, a passividade, a submissão.

Não só não há outra catástrofe por vir a não ser esta que já está aqui, como é patente que a maior parte dos desastres efetivos oferecem saídas a nosso desastre cotidiano. Vários exemplos dão conta de como a catástrofe real aliviou o apocalipse existencial, do terremoto que atingiu São Francisco em 1906 ao furacão Sandy que devastou uma parte de Nova York em 2012. Em geral, presume-se que as relações entre pessoas numa situação de emergência revelam sua profunda e eterna bestialidade. O que *se deseja*, com qualquer terremoto destruidor, qualquer *crash* econômico ou qualquer "ataque terrorista", é ver confirmada a velha quimera do estado de natureza e seu cortejo de exigências incontroláveis. Quando cederem os frágeis diques da civilização, o que se espera é o aflorar do "fundo vil do homem" que obcecava Pascal, das paixões más, da "natureza humana", invejosa, brutal, cega e odiável que, desde Tucídides pelo menos, serve de argumento aos detentores do poder — fantasia infelizmente desmentida pela maior parte dos desastres historicamente conhecidos.

Via de regra, o desaparecimento da civilização não assume a forma de uma guerra caótica de todos contra todos. Numa situação de grande catástrofe, esse discurso hostil só serve para justificar a prioridade dada à defesa da propriedade contra a pilhagem, por parte da polícia, do exército ou, por falta de algo melhor, de milícias de *vigilantes* formadas para a ocasião. Ele também pode servir para cobrir os desvios das próprias autoridades, como os da Guarda Civil italiana após o terremoto de Áquila. A decomposição desse mundo, assumida como tal, abre pelo avesso o caminho a outras maneiras de viver, mesmo em plena "situação de emergência". Foi dessa forma que, em 1985, os habitantes da Cidade do México, em meio aos escombros de sua cidade atingida por um terremoto mortífero, reinventaram num só gesto o carnaval revolucionário e a figura do super-herói a serviço do povo — sob a forma de um lendário praticante de luta livre, Super Barrio. Na loucura de uma retomada eufórica de sua existência urbana no que ela tem de mais cotidiano, eles assimilaram a destruição do sistema político à destruição dos prédios, libertando, tanto quanto possível, a vida da cidade do controle governamental, e reconstruindo suas habitações destruídas. Um entusiasta habitante de Halifax não dizia outra coisa quando declarava, após o tornado de 2003: "Todo mundo acordou na manhã seguinte e tudo estava diferente. Não havia eletricidade, todas as lojas estavam fechadas, ninguém tinha acesso às mídias. De repente, todo mundo foi para rua para ver o que havia acontecido. Não era exatamente uma festa de rua, mas todos fora de casa, ao mesmo tempo — num certo sentido, havia um sentimento bom ao ver toda essa gente, mesmo que não nos conhecêssemos." Da mesma forma, essas comunidades em miniatura formadas espontaneamente em Nova Orleans nos dias que se seguiram à passagem do furacão Katrina, face ao desprezo dos poderes públicos e à paranoia das agências de segurança, comunidades que se organizavam diariamente para se alimentarem, se curarem, se vestirem, mesmo que precisassem saquear uma loja ou outra.

Repensar uma ideia de revolução como forma de interromper o curso do desastre é, pois, desde logo, purgá-la de tudo o que ela abrangeu até agora de apocalíptico. É ver que a escatologia marxista difere *apenas aí* da aspiração imperial fundadora dos Estados Unidos da América — a mesma que ainda encontramos impressa em cada nota de um dólar: "*Annuit cœptis. Novus ordo seclorum.*" Socialistas, liberais, saint-simonianos, russos e norte-americanos da Guerra Fria, todos sempre exprimiram a mesma aspiração neurastênica pelo estabelecimento de uma era de paz e de abundância estéril em que não seria preciso temer mais nada, em que as contradições seriam finalmente resolvidas e o negativo, reabsorvido. Estabelecer por via da ciência e da indústria uma sociedade próspera, integralmente automatizada e finalmente apaziguada. Algo como um paraíso terrestre, organizado com base no modelo do hospital psiquiátrico ou do sanatório. Um ideal que não pode provir senão de seres profundamente doentes e que já nem aspiram ao perdão. "*Heaven is a place where nothing ever happens*" [o céu é um lugar onde nunca acontece nada], diz a canção.

Toda a originalidade e todo o escândalo do marxismo estiveram em pretender que, para aceder ao *millenium*, seria necessário passar pelo apocalipse econômico, quando os outros o consideravam supérfluo. Nós não esperaremos nem o *millenium* nem o apocalipse. Não haverá nunca paz sobre esta Terra. Abandonar a ideia de paz é a única paz verdadeira. Perante a catástrofe ocidental, a esquerda adota geralmente uma posição de lamentação, de denúncia e, portanto, de impotência, que a torna detestável até aos olhos daqueles que pretende defender. O estado de exceção no qual vivemos não deve ser denunciado, deve ser virado contra o próprio poder. E eis-nos libertos, da nossa parte, de qualquer consideração em relação à lei — na proporção da impunidade de que nos arroguemos, da relação de forças que criemos. Temos o campo completamente livre para qualquer tipo de decisão, qualquer iniciativa, por pouco que elas respondam a uma fina compreensão da situação. Para nós não há mais do que um campo de batalha histórico e as forças que aí se movem. A nossa margem de ação é infinita. A vida histórica nos estende a mão. Há inúmeras razões para a recusar, mas todas advêm da neurose. Confrontado com o apocalipse num filme recente de zumbi, um ex-funcionário das Nações Unidas chegou a esta lúcida conclusão: "*It's not the end, not even close. If you can fight, fight. Help each other. The war has just begun*" [não é o fim, nem perto disso. Se puder lutar, lute. Ajudem-se uns aos outros. A guerra acabou de começar].

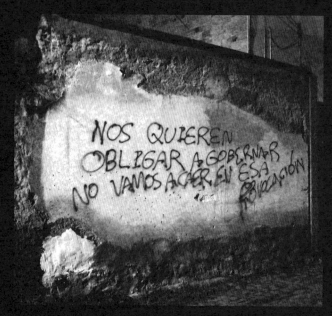

Oaxaca, 2006

ELES QUEREM NOS OBRIGAR A GOVERNAR, MAS NÃO VAMOS CAIR NESSA PROVOCAÇÃO

I. FISIONOMIA DAS INSURREIÇÕES CONTEMPORÂNEAS

Um homem morre. Foi morto pela polícia, diretamente, indiretamente. É um anônimo, um desempregado, um *dealer* disso, daquilo, um estudante, em Londres, em Sidi Bouzid, Atenas ou Clichy-sous-Bois. Dizem que é um "jovem", tenha dezesseis ou trinta anos. Dizem que é um jovem porque socialmente ele não é nada, e porque, no tempo em que nos tornávamos alguém quando virávamos adultos, os jovens eram precisamente aqueles que ainda não eram ninguém.

Um homem morre, um país se revolta. Uma coisa não é causa da outra, apenas o detonador. Alexandros Grigoropoulos, Mark Duggan, Mohamed Bouazizi,

Massinissa Guermah — o nome do morto se torna, nesses dias, nessas semanas, o nome próprio do anonimato geral, da despossessão comum. E a insurreição é, antes de tudo, feita por aqueles que não são nada, por aqueles que se encontram nos cafés, pelas ruas, na vida, pela faculdade, pela internet. Ela agrega todos os elementos flutuantes, do plebeu ao pequeno-burguês, que a desagregação social ininterrupta segrega além de qualquer limite. Tudo o que é considerado marginal, ultrapassado ou sem futuro, regressa ao centro. Em Sidi Bouzid, em Kasserine, em Thala, são esses os "loucos", os "perdidos", os que "não servem para nada", os *freaks*, que primeiro espalharam a notícia da morte de seu companheiro de infortúnio. Eles subiram nas cadeiras, nas mesas, nos monumentos, em todos os locais públicos, por toda a cidade. Seus discursos inflamados empolgaram quem estava disposto a ouvi-los. Logo depois deles, foram os estudantes do ensino médio que entraram em ação, esses que não alimentam nenhuma esperança de carreira.

O levante dura alguns dias ou alguns meses, conduz à queda do regime ou à ruína de todas as ilusões de paz social. Ele próprio é anônimo: sem líder, sem organização, sem reivindicações, sem programa. As palavras de ordem, quando existem, parecem se esgotar na negação da ordem existente, e são abruptas: "Fora!", "O povo quer a queda do sistema!", "A gente está pouco se lixando!", "*Tayyip, winter is coming*". Na televisão, nas ondas de rádio, os responsáveis martelam sua retórica de sempre: são bandos de "çapulcu", de vândalos, terroristas que saíram de lugar algum, com certeza com financiamento estrangeiro. Aquele que se levanta não tem nada para colocar no trono, à parte, talvez, de um ponto de interrogação. Não são a arraia-miúda, nem a classe operária, nem a pequena-burguesia, nem a multidão que se revolta. Nada que apresente uma homogeneidade suficiente para admitir um representante. Não há nenhum novo sujeito revolucionário cuja emergência tenha escapado, até então, aos observadores. Quando se diz que "o povo" está na rua, não se trata de um povo que existia previamente, pelo contrário, trata-se do povo que previamente *faltava*. Não é "o povo" que produz o levante, é o levante que produz seu povo, suscitando a experiência e a inteligência comuns, o tecido humano e a linguagem da vida real, que haviam desaparecidos. Se as revoluções do passado prometiam uma nova vida, as insurreições contemporâneas fornecem as ferramentas. A mudança que os Ultras do Cairo fizeram não era a de um grupo revolucionário antes da "revolução", mas apenas aquela de um bando capaz de se organizar para enfrentar a polícia; foi por terem tido um papel tão eminente durante a "revolução" que eles se viram forçados pela situação a colocar questões habitualmente reservadas aos "revolucionários".

Aí reside o *acontecimento*: não no fenômeno midiático, que se forjou para vampirizar a revolta através de sua celebração exterior, mas nos encontros que efetivamente ali se produziram. Eis o que é bem menos espetacular do que "o movimento" ou "a revolução", mas muito mais decisivo. Ninguém pode antecipar a potência de um encontro.

É dessa forma que as insurreições se prolongam, molecularmente, imperceptivelmente, na vida dos bairros, dos coletivos, das ocupações, dos centros sociais, dos seres singulares, no Brasil como na Espanha, no Chile como na Grécia. Não porque elas colocam um programa político em marcha, mas porque elas põem devires-revolucionários em ação. Porque aquilo que se viveu brilha de tal forma que aqueles que o experienciaram se tornam fiéis, não querem se separar disso; pelo contrário, querem de fato construir o que agora *faz falta à sua vida de antes*. Se o movimento espanhol de ocupação de praças, ao desaparecer da tela-radar midiática, não tivesse continuado nos bairros de Barcelona e em outros lugares através de um processo de compartilhamento e de auto-organização, a tentativa de destruir a ocupação de Can Vies, em junho de 2014, não teria sido fadada ao fracasso depois de três dias de motins em todo o bairro de Sants, e nem toda uma cidade teria sido vista participando, continuamente, da reconstrução do lugar atacado. Teriam apenas sido vistos alguns ocupantes protestando em meio à indiferença generalizada contra uma enésima expulsão. O que aqui se constrói não é nem a "sociedade nova" em seu estado embrionário, nem a organização que finalmente derrubará o poder para constituir um novo, é antes a potência coletiva que, por via da sua consistência e da sua inteligência, condena o poder à impotência, frustrando, uma a uma, todas as suas manobras.

Com frequência os revolucionários são aqueles que as revoluções apanham mais desprevenidos. Mas há, nas insurreições contemporâneas, algo que os desconcerta de modo particular: elas não partem mais de ideologias políticas, mas de *verdades éticas*.

Aqui estão duas palavras cuja aproximação soa como um oximoro a qualquer espírito moderno. Estabelecer o que é verdadeiro é o papel da ciência, não é mesmo? A ciência, essa que não tem nada a ver com as nossas normas morais e com outros valores contingentes. Para os modernos, há o Mundo de um lado, eles de outro, e a linguagem para superar o abismo. Uma verdade, conforme nos ensinaram, é um ponto sólido sobre o abismo — um enunciado que descreve de maneira adequada o Mundo. Convenientemente, esquecemos a lenta aprendizagem ao longo da qual adquirimos, com a linguagem, uma relação com o mundo. A linguagem, longe de servir para *descrever* o mundo, ajuda-nos sobretudo a *construir* um. As verdades éticas não são, assim, verdades *sobre* o Mundo, mas as verdades a partir das quais nele permanecemos. São verdades, afirmações, enunciadas ou silenciosas, que se experimentam mas não se demonstram. O olhar taciturno, os punhos cerrados diante dos olhos do pequeno patrão, encarando-o de cima a baixo durante um longo minuto é uma delas, e vale tanto quanto a trovejante frase "temos sempre razão em nos revoltar". São verdades que nos *ligam*, a nós mesmos, ao que nos rodeia e uns aos outros. Elas nos introduzem de imediato numa vida comum, a uma existência não separada, sem consideração pelos muros ilusórios do nosso Eu. Se os terráqueos estão prontos a arriscar sua vida para que uma praça não seja transformada em estacionamento como em Gamonal, na Espanha, que um jardim não se torne um centro comercial como em Gezi, na Turquia, que pequenos bosques não sejam transformados num aeroporto como em Notre-Dame-des-Landes, é exatamente porque aquilo de que gostamos, aquilo a que estamos ligados — seres, lugares ou ideias — também faz parte de nós, que esse nós não se reduz a um Eu que habita durante o tempo de uma vida um corpo físico limitado pela sua pele, o todo enfeitado pelo conjunto das *propriedades* que acredita ter. Quando o mundo é tocado, somos nós próprios que somos atacados.

De modo paradoxal, mesmo quando uma verdade ética se enuncia como recusa, o fato de se dizer "não!" nos coloca diretamente na existência. De modo não menos paradoxal, no entanto, o indivíduo se descobre tão pouco individual que por vezes basta que apenas um se suicide para que todo o edifício da falsidade social voe em estilhaços. O gesto de Mohamed

Bouazizi ao se autoimolar diante da prefeitura de Sidi Bouzid é evidência suficiente. Seu poder explosivo reside na potente afirmação que encerra. Ele diz: "a vida que nos é dada não merece ser vivida", "não nascemos para nos deixarmos humilhar dessa forma pela polícia", "podem nos reduzir ao nada, mas nunca nos retirarão a parte de soberania que pertence aos vivos" ou ainda "vejam como nós, nós os ínfimos, nós os pouco existentes, nós os humilhados, estamos muito além dos miseráveis meios pelos quais vocês conservam fanaticamente seu poder decrépito". Foi isso que se ouviu nitidamente naquele gesto. Se a entrevista televisiva, no Egito, que Wael Ghonim deu após seu sequestro pelos "serviços" teve tal efeito de reviravolta sobre a situação, foi porque, do fundo de suas lágrimas, explodia também uma verdade no coração de cada um. Da mesma forma, durante as primeiras semanas do Occupy Wall Street — antes que os habituais gestores de movimento instituíssem seus pequenos "grupos de trabalho" encarregados de preparar as decisões que a assembleia teria apenas de votar — o modelo das intervenções diante das 1500 pessoas lá presentes era o deste cara que um dia tomou a palavra para dizer: "*Hi! What's up? My name is Mike. I'm just a gangster from Harlem. I hate my life. Fuck my boss! Fuck my girlfriend! Fuck the cops! I just wanted to say: I'm happy to be here, with you all*" [Oi! E aí? Meu nome é Mike. Sou apenas um marginal do Harlem. Odeio a minha vida. Que se foda o meu patrão! Que se foda a minha namorada! Que se fodam os polícias! Só queria dizer para vocês: estou feliz por estar aqui, com todos vocês]. E suas palavras eram repetidas sete vezes pelo coro de "megafones humanos" que substituíam os microfones proibidos pela polícia.

O verdadeiro conteúdo de Occupy Wall Street não era a reivindicação — colada a posteriori ao movimento como uma etiqueta sobre um hipopótamo — de melhores salários, de casas decentes ou de uma previdência social mais generosa, mas a *repugnância pela vida que somos forçados a viver*. A repugnância por uma vida em que estamos todos *sozinhos*, sozinhos face à necessidade de cada um ganhar *sua* vida, de *se* abrigar, de *se* alimentar, de *se* divertir ou de *se* tratar. Repugnância pela forma de vida miserável do indivíduo metropolitano — desconfiança escrupulosa / ceticismo refinado, inteligente / amores superficiais, efêmeros / que resultam na sexualização extrema de qualquer encontro / e então o regresso periódico a uma confortável e desesperada separação / distração permanente, portanto ignorância de si, portanto medo de si, portanto medo do outro. A vida comum que se esboçava em Zuccotti Park, nas barracas, no frio, na chuva, cercada pela polícia na praça mais sinistra de Manhattan, não era certamente *la vita nuova* inaugurada, mas apenas o ponto a partir do qual a tristeza da existência metropolitana começava a se tornar evidente. Sabíamos que estávamos enfim *juntos* na nossa condição comum, na nossa igual redução ao grau de empreendedor de si. Essa mudança existencial foi o coração pulsante de Occupy Wall Street, enquanto Occupy Wall Street foi fresco e vivaz.

O que está em jogo nas insurreições contemporâneas é a questão de saber o que é uma forma desejável de vida e não a natureza das instituições que a subjugam. Mas reconhecer isso implicaria o reconhecimento imediato da nulidade ética do Ocidente, o que, por sua vez, impediria que se colocasse a vitória deste ou daquele partido islâmico, após esta ou aquela rebelião, na conta do suposto atraso mental das populações. Seria preciso, pelo contrário, admitir que a força dos islamitas reside justamente no fato de sua ideologia política se apresentar, antes de tudo, como um sistema de prescrições éticas. Dito de outra forma, eles são mais bem sucedidos em relação aos outros políticos precisamente porque não se colocam de forma central no terreno da política. E então as pessoas aqui na França poderiam parar de choramingar ou de dar alarmes falsos a cada vez que um adolescente sincero preferisse integrar as fileiras de "jihadistas" em vez da multidão suicida dos assalariados do setor terciário. E, adultos que somos, talvez pudéssemos aceitar o semblante que descobrimos nesse espelho pouco lisonjeiro.

Na tranquila cidade de Maribor, na Eslovênia, estourou, em 2012, uma revolta de rua que acabou por inflamar boa parte do país. Uma insurreição nesse país com ares tão suíços, eis algo inesperado. Mas o que mais surpreende é que o ponto de partida tenha sido a revelação de que, à medida que os radares de velocidade se multiplicavam nas ruas da cidade, uma única empresa privada, próxima do poder, embolsava quase a totalidade das multas. Poderia haver algo menos "político" como ponto de partida para uma insurreição do que radares de velocidade? Mas poderia haver algo mais ético do que a recusa em se deixar tosquiar como um carneiro? É como um Michael Kohlhaas do século XXI. A importância do tema da corrupção reinante em praticamente todas as revoltas contemporâneas atesta que elas são éticas antes de políticas, ou que são políticas precisamente naquilo que desprezam da política, incluindo aí a política radical. Enquanto ser de esquerda significar negar a existência de verdades éticas e substituir esta carência por uma moral tão frágil quanto oportuna, os fascistas poderão continuar fingindo ser a única força política afirmativa, como os únicos que não se desculpam por viver como vivem. Eles continuarão de sucesso em sucesso e continuarão a fazer convergir para eles próprios a energia das revoltas nascentes.

Talvez aí também esteja a razão do fracasso, sem isso incompreensível, de todos os "movimentos contra a austeridade" que, nas condições atuais, deveriam se propagar como fogo, mas que, pelo contrário, tentam lentamente se relançar pela décima vez na Europa. É que a questão da austeridade não é colocada no terreno em que de fato se situa: aquele de um brutal desacordo ético, um desacordo sobre o que é viver, o que é viver *bem*. De forma sumária: ser austero, nos países de cultura protestante, é antes uma virtude; ser austero, em boa parte do sul da Europa, é no fundo ser um pobre coitado. O que acontece hoje não é apenas que alguns queiram impor uma austeridade econômica a outros que não a desejam. O que acontece é que alguns consideram que a austeridade é, em absoluto, algo bom, enquanto que outros consideram, sem de fato ousar afirmar tanto, que a austeridade é, em sua totalidade, uma miséria. Limitar-se a lutar contra os planos de austeridade não é apenas acrescentar algo a esse mal-entendido, é também, por acréscimo, ter certeza de que a luta será perdida, uma vez que admite implicitamente uma ideia de vida que não nos convém. Não adianta ficar examinado o pouco entusiasmo das "pessoas" em se lançar numa batalha perdida de início. O que é preciso, acima de tudo, é assumir o verdadeiro desafio do conflito: certa ideia protestante de felicidade — ser trabalhador, parcimonioso, sóbrio, honesto, diligente, casto, modesto, discreto — que se pretende impor a toda Europa. O que é necessário opor aos planos de austeridade é uma *outra ideia de vida*, que consista, por exemplo, em partilhar em vez de economizar, em conversar em vez de calar, em lutar em vez de sofrer, em celebrar as vitórias em vez de invalidá-las, em se aproximar em vez de manter distância. Não é possível, por exemplo, medir o tamanho da força que os movimentos indígenas do subcontinente americano ganharam ao assumir o *buen vivir* como afirmação *política*. Isso traça, por um lado, um claro perfil daquilo pelo que e contra o que se luta; e, por outro, abre a porta para a descoberta serena das mil outras formas de entendimento da "boa vida", formas que, apesar de diferentes, não são inimigas, pelo menos não necessariamente.

2. NÃO HÁ INSURREIÇÃO DEMOCRÁTICA

A retórica ocidental não tem surpresas. Cada vez que um levante de massas vem depor um sátrapa até ontem venerado em todas as embaixadas é porque o povo "aspira à democracia". O estratagema é velho como Atenas. E ele funciona tão bem que até a assembleia do Occupy Wall Street considerou de bom-tom consagrar, em novembro de 2011, um orçamento de 29 mil dólares para vinte e poucos observadores internacionais irem monitorar a regularidade das eleições egípcias. Ao que os camaradas da Praça Tahrir, a quem eles acreditavam estar ajudando, responderam: "Aqui no Egito, não fizemos a revolução na rua com o simples objetivo de ter um Parlamento. Nossa luta — que esperamos partilhar com vocês — é muito mais ampla do que a conquista de uma democracia parlamentar bem ajustada."

Não é pelo fato de se lutar *contra* um tirano que se luta *pela* democracia — pode-se tanto lutar por um outro tirano, quanto pelo califado ou pelo simples prazer de lutar. Mas, sobretudo, se há algo que tem pouco a ver com qualquer princípio aritmético de maioria, é justamente uma insurreição, cuja vitória depende de critérios qualitativos — de determinação, de coragem, de confiança em si, de sentido estratégico, de energia coletiva. Se há mais de dois séculos as eleições são, depois do exército, o instrumento mais usado para calar uma insurreição, é porque os insurgentes nunca são uma maioria. Quanto ao pacifismo que se associa de modo tão natural à ideia de democracia, também aqui convém dar a palavra aos camaradas do Cairo: "Aqueles que dizem que a revolução egípcia era pacífica não viram os horrores que a polícia nos infligiu, tampouco viram a resistência e até a força que os revolucionários utilizaram contra a polícia para defender suas ocupações e seus espaços. O que o próprio Governo reconheceu: 99

esquadras foram incendiadas, milhares de carros da polícia destruídos, e todas as sedes do partido dirigente foram queimadas." A insurreição não respeita nenhum formalismo, nenhum procedimento democrático. Ela impõe, como qualquer manifestação de envergadura, sua própria forma de utilização do espaço público. Ela é, como qualquer greve declarada, uma política do fato consumado. Ela é o reino da iniciativa, da cumplicidade prática, do gesto; as decisões, ela as toma nas ruas, relembrando, àqueles que talvez tenham se esquecido, que "popular" vem do latim *populor*, "arrasar, devastar". Ela é a plenitude da expressão — nos cânticos, nas paredes, na palavra tomada, nos combates — e o vazio da deliberação. Talvez o milagre da insurreição esteja nisto: ao mesmo tempo que dissolve a democracia enquanto problema, ela imediatamente configura algo para além dela.

Evidentemente não faltam ideólogos, tais como Antonio Negri e Michael Hardt, que deduzam a partir dos levantes dos últimos anos que "constituir uma sociedade democrática está na ordem do dia" e que se proponham criar novas subjetividades "capazes de relações democráticas", ensinando-nos "informações, conhecimentos, ferramentas de estudo" necessários ao "governo de todos por todos".[1] Para eles, tal como um negriano espanhol resume sem muita delicadeza: "De Tahrir à Puerta del Sol, da praça Syntagma à praça Catalunya, um grito se repete, de praça em praça: 'Democracia!'. É este o nome do espectro que hoje em dia percorre o mundo." De fato, tudo caminharia bem se a retórica democrática não fosse nada além uma voz que emana dos céus e que se junta, vinda do exterior, a cada levante, por ação dos governos ou daqueles que lhes desejam suceder. Nós a ouviríamos piedosamente, como a homilia do padre, segurando o riso. Mas é preciso admitir que essa retórica de fato tem um efeito de captura real sobre as mentes, sobre os corações, sobre as lutas, como esse movimento "dos *indignados*", do qual tanto se falou bem, evidencia. Escrevemos "dos *indignados*" entre aspas pois, na primeira semana de ocupação da Puerta del Sol, a referência era a Praça Tahrir e o livreto, de modo algum inofensivo, do socialista Stéphane Hessel, que defende uma insurreição cidadã

1. Cf. A. Negri e M. Hardt, *Declaration*. Nova York: Argo-Navis, 2012 [Ed. bras.: *Declaração: isto não é um manifesto*, trad. de Carlos Szlak. São Paulo: n-1 edições, 2013]. [N.E.]

das "consciências" como forma de exorcizar a ameaça de uma verdadeira insurreição. Foi apenas depois de uma operação de recodificação, conduzida a partir da segunda semana de ocupação pelo El País, jornal ligado ao Partido Socialista, que esse movimento recebeu seu título manhoso, isto é, uma boa parte de seu eco público e o essencial de seus limites. O mesmo também é válido para a Grécia, onde aqueles que ocupavam a praça Syntagma recusaram o rótulo de *aganaktismenoi* [indignados] que a mídia havia lhes atribuído, preferindo denominar-se como "movimento das praças". "Movimento das praças", em sua neutralidade factual, dava mais conta da complexidade, ou mesmo da confusão, dessas estranhas assembleias em que marxistas coabitavam com budistas de via tibetana e fiéis do Syriza com burgueses patriotas. A manobra do espetáculo é bem conhecida e consiste em tomar o controle simbólico dos movimentos, celebrando-os, num primeiro momento, *por aquilo que eles não são*, para melhor enterrá-los no momento certo. Ao atribuir a indignação como conteúdo desses levantes, destina-os à impotência e à mentira. "Ninguém mente mais do que o homem indignado", já constatava Nietzsche. Ele mente sobre sua estranheza em relação àquilo sobre o qual se indigna, esquiva-se de qualquer responsabilidade sobre aquilo que o toca. Sua impotência é postulada a fim de melhor se eximir de toda e qualquer responsabilidade quanto ao desenrolar das coisas; que depois é por ele convertida em afecção *moral*, em afecção de *superioridade* moral. Ele pensa *que tem direitos*, o infeliz. Se já vimos multidões coléricas fazer revoluções, nunca vimos massas indignadas fazer outra coisa que não protestar de forma impotente. A burguesia se choca e depois se vinga; já a pequena-burguesia indigna-se e depois volta para a sua farsa.

As palavras de ordem que ficaram associada ao movimento das praças foi "*democracia real ya!*", pois a ocupação da Puerta del Sol foi iniciada por cerca de quinze "hacktivistas" por ocasião da manifestação, que tomava aquele nome, convocada pela plataforma para 15 de Maio de 2011 — o "15-M", como se diz na Espanha. Não se tratava, ali, de democracia direta como nos conselhos operários, nem mesmo de verdadeira democracia à antiga, mas de democracia *real*. Sem surpresa, em Atenas, o "movimento das praças" se instalou à distância de uma pedrada do local da democracia *formal*, a Assembleia Nacional. Até aqui tínhamos ingenuamente pensado que a democracia real era esta que já estava aqui, tal como a conhecemos desde sempre, com suas promessas eleitorais feitas para serem traídas, suas salas de gravação denominadas "parlamentos" e suas negociatas pragmáticas para enevoar o mundo em favor de diferentes lobbies. Mas para os "hacktivistas" do 15-M a realidade da democracia era acima de tudo a traição da "democracia real". Que tenham sido cibermilitantes que lançaram esse movimento não é indiferente. As palavras de ordem "democracia real" significam o seguinte: tecnologicamente, suas eleições, que têm lugar uma vez a cada quatro ou cinco anos; seus deputados rechonchudos que não sabem utilizar um computador; suas assembleias, que mais parecem uma peça de teatro ruim ou uma feira barulhenta — tudo isso é obsoleto. Hoje em dia, graças às novas tecnologias de comunicação, graças à internet, à identificação biométrica, aos smartphones, às redes sociais, vocês estão completamente ultrapassados. É possível instaurar uma democracia real, isto é, uma sondagem permanente, em tempo real, da opinião da população, submetendo-lhe realmente qualquer decisão antes de a tomar. Um autor já antecipava isso nos anos 1920:

"Poderíamos imaginar que um dia invenções sutis permitiriam a cada um exprimir a todo momento suas opiniões sobre os problemas políticos, sem sair de casa, graças a um aparelho que conseguisse gravar todas essas opiniões numa central em que não seria preciso fazer mais nada do que ler o resultado." Ele via aí "uma prova da privatização absoluta do Estado e da vida pública". E era essa sondagem permanente, mesmo numa praça, que as mãos levantadas ou abaixadas dos *indignados* silenciosamente manifestavam durante os sucessivos discursos. Até o velho poder de aclamar ou de vaiar havia sido retirado da multidão.

O "movimento das praças" foi, por um lado, a projeção, ou melhor, a colisão da fantasia cibernética da cidadania universal com a realidade, e, por outro, um momento excepcional de encontros, de ações, de festas e de retomada de uma vida em comum. Isso era algo que a eterna microburocracia não conseguia ver, absorta que estava na tentativa de fazer seus caprichos ideológicos se passarem por "posições da assembleia" ou de controlar tudo em nome do fato de que cada ação, cada gesto, cada declaração devia ser "validada pela assembleia" para ganhar seu direito de existir. Para todos os outros, esse movimento liquidou definitivamente o mito da assembleia-geral, isto é, o mito de sua centralidade. Na primeira noite, em 16 de maio de 2011, havia cem pessoas na praça Catalunya, em Barcelona; no dia seguinte mil, depois dez mil e nos dois primeiros fins de semana havia trinta mil pessoas. Cada um pôde constatar que, quando somos tão numerosos, já não há nenhuma diferença entre democracia direta e democracia representativa. A assembleia é o local em que somos obrigados a ouvir idiotices sem poder replicar, exatamente como em frente à televisão; mais do que isso, é o local de uma teatralidade extenuante e tanto mais mentirosa quanto mais mimetiza a sinceridade, a aflição ou o entusiasmo. A extrema burocratização das comissões refreou até os mais resistentes, tendo sido necessárias duas semanas para que a comissão "conteúdo" parisse um documento intragável e calamitoso de duas páginas que resumia, segundo ela, "aquilo em que acreditamos". Nessa altura, face ao ridículo da situação, alguns anarquistas submeteram a voto a hipótese de a assembleia se tornar um simples espaço de discussão e lugar de informação, e não um órgão para tomada de decisões. A situação era cômica: colocar em votação o fato de se deixar de votar. Coisa ainda mais cômica: o escrutínio foi sabotado por trinta trotskistas. E como esse gênero de micropolíticos transpira tanto tédio quanto sede de poder, todos acabaram se afastando das fastidiosas assembleias. Sem surpresas, muitos dos participantes de Occupy tiveram a mesma experiência e chegaram à mesma conclusão. Em Oakland como em Chapel Hill, acabou por se considerar que a assembleia não tinha nenhum direito de validar o que este ou aquele grupo podia ou queria fazer, que ela era um local de partilha, e não de decisão. Quando uma ideia emitida em assembleia *vingava*, era simplesmente porque um conjunto suficiente de pessoas a consideravam boa o suficiente para ser implementada e não em virtude de qualquer princípio de maioria. As decisões vingavam ou não; elas nunca eram tomadas. Foi assim que na praça Syntagma foi votada "em assembleia-geral", num dia de junho de 2011 e por vários milhares de *indivíduos*, a iniciativa de promover ações no metrô; quando o dia chegou, não se encontravam nem vinte pessoas no local marcado para agir efetivamente. É assim que o problema da "tomada de decisão", obsessão de todos os democratas empoeirados do mundo, se releva nunca ter sido outra coisa que não um falso problema.

Que tenha sido com o "movimento das praças" que o *fetichismo* da assembleia-geral caiu no vazio não mancha em nada a *prática* de assembleias em si. Trata-se apenas de saber que de uma assembleia não pode sair outra coisa que não o que lá já se encontra. Quando milhares de desconhecidos que nada partilham a não ser o fato de estarem ali se juntam numa mesma praça, não se pode esperar que daí saia mais do que sua separação autoriza. Não se pode querer, por exemplo, que uma assembleia consiga gerar por si própria a confiança recíproca necessária para que se assuma em conjunto o risco de agir ilegalmente. Que uma coisa tão repugnante como uma assembleia-geral de coproprietários seja possível é algo que, desde logo, deveria nos premunir contra a paixão das AG. Aquilo que uma assembleia atualiza é simplesmente o nível de partilha existente. Uma assembleia de estudantes não é uma assembleia de bairro, que por sua vez não é uma assembleia de bairro em luta contra sua "reestruturação". Uma assembleia de operários não é a mesma no início e no final de uma greve. E estas certamente terão pouco a ver com uma assembleia popular dos povos de Oaxaca. A única coisa que qualquer assembleia pode produzir, se o tentar, é uma linguagem comum. Mas quando a única experiência comum é a separação, apenas a linguagem informe da vida separada será escutada. A indignação é, efetivamente, assim, o máximo de intensidade política à qual pode chegar o indivíduo atomizado, que confunde o mundo com sua tela, da mesma forma que confunde seus sentimentos com seus pensamentos. A assembleia plenária de todos esses átomos, a despeito de sua comovente comunhão, não fará mais do que expor a paralisia induzida por uma falsa compreensão da política e, acima de tudo, uma inaptidão para alterar o que quer que seja no curso do mundo. Como se uma infinidade de caras coladas contra uma parede de vidro olhassem embasbacadas o universo mecânico que continua a funcionar sem elas. O sentimento de impotência coletiva, que sucedeu à alegria de se terem encontrado e *sido contabilizados*, dispersou os proprietários de barracas Quechua de maneira tão infalível como os cassetetes e o gás.

E no entanto havia algo nessas ocupações que ia além desse sentimento, precisamente tudo aquilo que não tinha lugar no momento teatral da assembleia, tudo o que se relaciona à milagrosa aptidão dos vivos para *habitar*, para habitar o próprio inabitável: o coração das metrópoles. Nas praças ocupadas, tudo aquilo que a política desde a Grécia clássica relegou para a esfera, no fundo desprezada, da "economia", da gestão doméstica, da "sobrevivência", da "reprodução", do "cotidiano" e do "trabalho", afirmou-se, pelo contrário, como dimensão de uma potência política coletiva que escapou à subordinação do privado. A capacidade de auto-organização cotidiana que aí prosperou e que chegou, em alguns lugares, a alimentar três mil pessoas por refeição, a levantar um vilarejo em poucos dias ou a cuidar dos amotinados feridos assinala talvez a verdadeira vitória política do "movimento das praças". Ao que as ocupações de Taksim e de Maïdan terão acrescentado, no seu encalço, a arte de erguer barricadas e de confeccionar coquetéis molotov em quantidades industriais.

O fato de que uma forma de organização tão banal e sem surpresas como uma assembleia tenha sido investida de tal veneração frenética diz, no entanto, muito sobre a natureza dos *afetos* democráticos. Se a insurreição exprime primeiro a cólera e depois a alegria, a democracia direta, no seu formalismo, é, antes de tudo, uma coisa de angustiados. Que nada aconteça que não seja determinado por um processo previsível.

Que nenhum acontecimento nos ultrapasse. Que a situação se mantenha a nossa altura. Que ninguém se possa sentir trapaceado ou em conflito aberto com a maioria. Que nunca ninguém seja obrigado a contar apenas com suas próprias forças para se fazer ouvir. Que não se imponha nada a ninguém. Com esse fim, os vários dispositivos da assembleia — da roda de palavra aos aplausos silenciosos — organizam um espaço estritamente aveludado, sem outras asperezas para além da sucessão de monólogos, desativando, desse modo, a necessidade de lutar por aquilo que se pensa. Se o democrata tem que estruturar a situação até esse ponto, é porque não confia nela. E se ele não tem confiança na situação, é porque, no fundo, ele *não é de confiança*. É seu medo de se deixar levar por ela que o condena a querer controlá-la a todo o custo, muitas vezes ao ponto de a destruir. A democracia é, acima de tudo, o conjunto de procedimentos por meio dos quais se dá forma e estrutura a essa angústia. Não se trata de fazer o processo da democracia: não se faz um processo a partir de uma angústia.

Só um desenvolvimento omnilateral da atenção — atenção não apenas ao que é dito, mas sobretudo ao que não é, atenção à forma como as coisas são ditas, ao que se lê nas faces como nos silêncios — pode nos libertar do apego aos procedimentos democráticos. Trata-se de fazer submergir o vazio que a democracia mantém entre os átomos individuais pela plena atenção de uns aos outros, por uma atenção inédita ao mundo comum. O desafio é substituir o regime mecânico de argumentação por um regime de verdade, de abertura, de sensibilidade ao que aqui está. No século XII, quando Tristão e Isolda se encontram de noite e conversam, trata-se de um "parlamento"; quando as pessoas, no acaso da rua e das circunstâncias, se agitam e se põem a falar, é uma "assembleia". Eis o que é preciso opor à "soberania" das assembleias gerais, à tagarelice dos parlamentos: a redescoberta da carga afetiva ligada à palavra, à palavra *verdadeira*. O contrário da democracia não é a ditadura, é a verdade. É justamente por ser um momento de *verdade*, no qual o poder está nu, que uma insurreição nunca é democrática.

3. A DEMOCRACIA NÃO É NADA MAIS DO QUE O GOVERNO EM ESTADO PURO

Sem qualquer grande alvoroço, a "maior democracia do mundo" embarcou numa caçada mundial de um de seus agentes, Edward Snowden, que teve a má ideia de revelar o programa de vigilância generalizada das comunicações que ela empreendia. Na realidade, a maioria de nossas belas democracias ocidentais se tornaram regimes policiais perfeitamente descomplexados, ao passo que a maior parte dos regimes policiais de nosso tempo ostentam orgulhosamente o título de "democracia". Ninguém ficou lá muito assombrado por um primeiro-ministro, como Papandréu, ter sido exonerado sem aviso prévio por ter tido a ideia, verdadeiramente exorbitante, de submeter a política do seu país, quer dizer, da Troika, aos eleitores. Tornou-se costume na Europa, aliás, suspender eleições quando se antecipa um resultado incontrolável ou obrigar os cidadãos a votarem novamente quando a votação não fornece o resultado cobiçado pela Comissão Europeia. Os democratas do "mundo livre" que se pavoneavam há vinte anos devem estar arrancando os cabelos. Não é fato notório que o Google, confrontado com o escândalo de sua participação no programa de espionagem Prism, limitou-se apenas a convidar Henry Kissinger para explicar aos seus assalariados que era necessário que se habituassem, que nossa "segurança" tinha esse preço? Não deixa de ser divertido imaginar o homem de todos os golpes de Estado fascistas da década de 1970 na América do Sul dissertando sobre a democracia diante de empregados tão *cool*, tão "inocentes", tão "apolíticos" da sede do Google no Vale do Silício.

Lembremos a frase de Rousseau em *O contrato social*: "Se houvesse um povo de deuses, ele se governaria democraticamente. Tão perfeito governo não convém aos homens." Ou aquela outra, mais cínica, de Rivarol: "Existem duas verdades que nunca podem ser separadas neste mundo: a primeira, que a soberania reside no povo; a segunda, que o povo nunca deve exercê-la."

Edward Bernays, o fundador das *public relations*, começava assim o primeiro capítulo do seu livro *Propaganda*, intitulado "Organizar o caos": "A manipulação consciente e inteligente dos hábitos organizados e das opiniões das massas é um elemento importante na sociedade democrática. Aqueles que manipulam este mecanismo oculto da sociedade constituem um governo invisível que é o verdadeiro poder do nosso país." Foi em 1928. No fundo, o que se visa quando se fala em democracia é à identidade entre governantes e governados, quaisquer que sejam os meios pelos quais essa identidade é obtida. Daí a epidemia de hipocrisia e de histeria que aflige nossas terras. Num regime democrático, governa-se *sem de fato aparentar que se governa*; os senhores se vestem com os atributos de escravos e os escravos se creem senhores. Uns, ao exercer o poder em nome da felicidade das massas, encontram-se condenados a uma hipocrisia constante; e outros, pensando dispor de um "poder de compra", de "direitos" ou de uma "opinião" espezinhada ao longo de todo o ano, tornam-se histéricos. E como a hipocrisia é a virtude burguesa *por excelência*, sempre algo de irremediavelmente burguês se une à democracia. Nesse ponto, o sentimento popular não se engana.

Quer sejamos um democrata à *la* Obama ou um defensor feroz dos sindicatos operários, qualquer que seja a forma de conceber o "governo do povo por si próprio", o que *recobre* a questão da democracia é sempre a questão do governo. Este é seu postulado e seu impensado: é necessário um governo. Governar é uma forma muito particular de exercer o poder. Governar não é impor uma disciplina sobre um corpo, não é fazer respeitar a Lei sobre um território, torturando os infratores como no Antigo Regime.

Um rei reina. Um general comanda. Um juiz julga. Governar é outra coisa. Governar é conduzir os comportamentos de uma população, de uma multiplicidade que é necessário vigiar, como um pastor com seu rebanho, para maximizar o potencial e orientar a liberdade. É, portanto, levar em conta e modelar seus desejos, suas formas de fazer e de pensar, seus hábitos, seus temores, suas disposições, seu meio. É pôr em funcionamento um conjunto de táticas, de táticas discursivas, policiais, materiais, de atenção minuciosa às emoções populares, às suas oscilações misteriosas; é agir a partir de uma sensibilidade permanente à conjuntura afetiva e política de modo a prevenir tumultos e rebeliões. Agir sobre o meio e modificar continuamente suas variáveis, agir sobre uns para influenciar a conduta dos outros, garantir o domínio sobre o rebanho. Em suma, é manter uma guerra — que nunca terá tal nome nem aparência — em praticamente todos os planos pelos quais se movimenta a existência humana. Uma guerra de influência, sutil, psicológica, indireta.

O que se fortaleceu sem cessar a partir do século XVII no Ocidente não foi o poder do Estado, mas sim — e isso através da edificação dos Estados nacionais e, agora, por sua ruína — o governo *enquanto forma de poder específica*. Se hoje as velhas superestruturas enferrujadas dos Estados-nação podem afundar sem receios, é justamente porque elas devem dar lugar a essa famosa "governança", flexível, plástica, informal, taoista, que se impõe em todos os domínios, seja na gestão de si, das relações, das cidades ou das empresas. Nós, revolucionários, não podemos evitar o sentimento de que perdemos todas as batalhas, uma após a outra; porque elas se deram num plano ao qual ainda não tivemos acesso, porque reunimos nossas forças em torno de posições já perdidas, porque os ataques são desencadeados em lugares em que não nos defendemos. Isso provém, em larga medida, do fato de ainda concebermos o poder na forma de Estado, de Lei, de Disciplina, de Soberania; é como governo que ele não para de avançar. Procuramos o poder no estado sólido enquanto ele passou há muito tempo para o estado líquido, senão mesmo para o gasoso. Frustrados e perplexos, acabamos por suspeitar de tudo o que ainda apresente uma forma precisa — hábitos, fidelidades, enraizamentos, domínio ou lógica — quando o poder se manifesta muito mais na incessante dissolução de todas as formas.

As eleições não têm nada de particularmente democrático: durante muito tempo os reis foram eleitos, e raros são os autocratas que dispensam um pequeno prazer plebiscitário de vez em quando. As eleições são democráticas apenas na medida em que permitem assegurar não uma participação das pessoas no governo, mas uma determinada *adesão* a este por meio da ilusão de o terem escolhido até certo ponto. "Todas as formas de Estado têm a democracia como sua verdade", escrevia Marx. Estava enganado. *Todas as formas de governo* têm a democracia como sua verdade. A identidade do governante e do governado é o ponto crítico no qual o rebanho se torna pastor coletivo e no qual o pastor se dissolve em seu rebanho, no qual a liberdade coincide com a obediência e a população com o soberano. A reabsorção do governante e do governado, um no outro, é o governo em *estado puro*, sem qualquer forma nem limite. Não é por acaso que hoje se teoriza a democracia como *líquida*, uma vez que toda forma fixa é um obstáculo ao exercício do puro governo. No grande movimento de fluidificação geral não há muros de arrimo, apenas pontos sobre uma assíntota. Quanto mais fluido, mais governável; e quanto mais governável, mais democrático. O *single* cosmopolita é evidentemente mais democrático do que o casal, que por sua vez é mais democrático do que o clã familiar, que por sua vez é mais democrático do que o bairro mafioso.

Aqueles que acreditaram que as formas do Direito eram uma conquista definitiva da democracia, e não uma forma provisória em vias de superação, estão por conta própria. Agora, tais formas são um obstáculo formal à eliminação dos "inimigos combatentes" da democracia, assim como à reorganização contínua da economia. Da Itália dos anos 1970 às *dirty wars* de Obama, o antiterrorismo não é uma violação lamentável dos nossos belos princípios democráticos, uma exceção à sua margem, ele é muito mais o *ato constituinte* permanente das democracias contemporâneas. Os Estados Unidos mantêm uma lista de "terroristas" de todo o mundo com inesgotáveis 680 mil nomes, e nutrem um corpo de 25 mil homens, os JSOC [Comando de Operações Especiais Conjuntas], secretamente encarregados de matar não importa quem, não importa quando e não importa onde, em qualquer canto do globo. Com sua frota de drones não muito cuidadosos com a identidade exata daqueles que estraçalham, as execuções extrajudiciais

Eles querem nos obrigar a governar

vieram substituir os processos extrajudiciais do tipo Guantánamo. Aqueles que se escandalizam pura e simplesmente não compreendem o que significa *governar democraticamente*; permanecem na fase precedente, aquela em que o Estado moderno ainda falava a língua da Lei.

No Brasil, foram detidos, sob leis antiterroristas, alguns jovens cujo crime foi querer organizar uma manifestação contra a Copa do Mundo de futebol. Na Itália, quatro camaradas foram presos por "terrorismo" com base em um ataque ao canteiro de obras do TAV [Trem de alta velocidade], reivindicado pelo movimento em seu conjunto, ter supostamente afetado gravemente a "imagem" do país ao queimar um compressor. É inútil multiplicar os exemplos, o gesto é universal: tudo o que resiste aos esquemas dos governos está em vias de ser tratado como "terrorista". Uma mente liberal poderia temer que os governos estivessem tentando diminuir sua legitimidade democrática. Nada disso: com essa prática eles a refundam. Pelo menos se a operação for bem-sucedida, se as almas foram bem sondadas e o terreno das sensibilidades bem preparado. Porque quando Ben Ali ou Mubarak denunciam as multidões que saem à rua como bandos de terroristas e isso não cola, a operação de refundação se volta contra eles; seu fracasso liquefaz o chão da legitimidade sob seus pés; eles se dão conta de que estão pedalando sobre o vazio, diante dos olhos de todos; sua queda é iminente. A operação só se revela verdadeiramente no momento em que falha.

4. TEORIA DA DESTITUIÇÃO

Nascidas na Argentina, as palavras de ordem *"que se vayan todos!"* mexeu de verdade com a cabeça dos dirigentes do mundo inteiro. Perdemos a conta do número de línguas nas quais gritamos nosso desejo de *destituir* o poder instalado ao longo dos últimos anos. O mais surpreendente é que o tenhamos, em muito casos, conseguido. Porém, seja qual for a debilidade dos novos regimes que emergiram dessas "revoluções", a segunda parte do grito, *"y que no quede ni uno!"* [que não reste ninguém], permaneceu desapercebida: novos fantoches tomaram o lugar deixado vago. O caso mais exemplar é certamente o do Egito. Tahrir teve a cabeça de Mubarak e o movimento Tamarut teve a de Morsi. A rua exigiu, a cada vez, uma destituição que não tinha força para organizar, de tal modo que são as forças previamente organizadas, a Irmandade Muçulmana e depois o exército, que usurpam essa destituição, cumprindo-a em seu proveito. Um movimento que exige está sempre por baixo de uma força que *age*. Admiremos de passagem como o papel de soberano e o de "terrorista" são, no fundo, intercambiáveis, como se passa depressa dos palácios do poder para os subsolos de suas prisões, e vice-versa.

A queixa que geralmente se levanta entre os insurgentes de ontem diz: "A revolução foi traída. Nós não morremos para que um governo provisório organize eleições, e depois uma assembleia constituinte prepare uma nova constituição, a qual esboçará as modalidades de novas eleições, da qual sairá um novo regime, ele mesmo quase idêntico ao anterior. Nós queremos que a vida mude, e nada, ou muito pouco, mudou." Sobre este aspecto, os radicais têm sua explicação de sempre: a de que o povo deve governar a si mesmo em vez de eleger representantes. Se as revoluções são sistematicamente traídas, talvez isso seja obra da fatalidade; mas talvez seja o sinal de que há, na nossa ideia de revolução, alguns vícios escondidos que a condenam a esse destino. Um desses vícios reside no fato de ainda pensarmos muito frequentemente a revolução como uma dialética entre o constituinte e o constituído. Ainda acreditamos na fábula de que todo o poder constituído se enraíza num poder constituinte, de que o Estado emana da nação, como o monarca absoluto de Deus, de que existe permanentemente sob a Constituição em vigor uma outra Constituição, uma ordem ao mesmo tempo subjacente e transcendente, quase sempre muda, mas que pode surgir a qualquer instante, tal como um relâmpago. Queremos acreditar que basta que "o povo" se junte, se possível frente ao parlamento, e grite "vocês não nos representam!" para que, por sua simples epifania, o poder constituinte expulse os poderes constituídos como num passe de mágica. Essa ficção do poder constituinte serve apenas, na verdade, para mascarar a origem propriamente política, fortuita, o *golpe de força* pelo qual todo o poder se institui. Aqueles que tomam o poder retroprojetam a fonte de sua autoridade sobre a totalidade social que, a partir de então, controlam e, dessa forma, fazem-na calar *em seu próprio nome* de maneira legítima. Assim se realiza, em intervalos regulares, a façanha de disparar sobre o povo em nome do povo. O poder constituinte é o traje de toureiro de que se reveste a origem sempre sórdida do poder, é o véu que hipnotiza e faz com que todos acreditem que o poder constituído é muito mais do que realmente é.

Aqueles que, como Antonio Negri, se propõem a "governar a revolução", só veem "conflitos constituintes" por toda parte, das revoltas das *banlieues* aos levantes no mundo árabe. Um negriano madrileno, partidário de um hipotético "processo constituinte" saído do movimento das praças, ousa mesmo apelar à criação do "partido da democracia", "o partido dos 99%", com vistas a "articular uma nova constituição democrática tão 'insignificante', tão arrepresentativa, tão pós-ideológica como foi o 15-M". Esse gênero de desvios enganosos nos incita, acima de tudo, a repensar a ideia de revolução como *pura destituição*.

Instituir ou constituir um poder é dotá-lo de uma base, de um fundamento, de uma legitimidade. Para um aparelho econômico, jurídico ou policial, trata-se de ancorar sua frágil existência num plano que o suplante, numa transcendência que o coloque fora de alcance. Por meio dessa operação, aquilo que não é mais do que uma entidade localizada, determinada, parcial, ascende a um outro lugar, a partir do qual, em seguida, pode pretender tudo abarcar; é enquanto constituído que um poder se torna ordem sem exterior, existência sem presença, e que não pode fazer outra coisa que não submeter ou aniquilar. A dialética do constituinte e do constituído vem fornecer um sentido superior ao que é apenas uma forma política contingente: é assim que a República se torna o estandarte universal de uma natureza humana indiscutível e eterna, ou o califado o único lar da comunidade. O poder constituinte dá nome a esse sortilégio monstruoso que faz do Estado, ao se fundar como razão, aquele que nunca se engana, aquele que não tem inimigos, pois se opor a ele é ser um criminoso; aquele que tudo pode, mesmo sem ter qualquer honra.

Para destituir o poder não basta portanto vencê-lo na rua, desmantelar seus aparelhos, incendiar seus símbolos. Destituir o poder é privá-lo de seu fundamento. É isso o que justamente uma insurreição faz. Aí, o constituído surge tal como é, nas suas mil manobras desajeitadas ou eficazes, grosseiras ou sofisticadas. "O rei está nu", é dito então, porque o véu constituinte está em farrapos e toda a gente pode ver através dele. Destituir o poder é privá-lo de legitimidade, é conduzi-lo a assumir sua arbitrariedade, a revelar sua dimensão contingente. É mostrar que ele não detém mais do que a própria situação, sobre a qual desdobra estratagemas, procedimentos, combinações — é dar início a uma configuração passageira das coisas que, como tantas outras, apenas a luta e a astúcia farão sobreviver. É forçar o governo a descer para o nível dos insurgentes, que não serão mais "monstros", "criminosos" ou "terroristas", mas simplesmente inimigos. Encurralar a polícia reduzindo-a a uma mera gangue, a justiça a uma associação de malfeitores. Na insurreição, o poder vigente é mais uma força entre outras sobre um plano de luta comum, e não mais essa metaforça que rege, ordena ou condena todas as potências. Todos os canalhas têm um endereço. Destituir o poder é mandá-lo por terra.

Qualquer que seja o resultado do confronto na rua, a insurreição já conseguiu enfraquecer o tecido bem apertado das crenças que permitem ao governo o seu exercício. É por isso que aqueles que estão ansiosos por enterrar a insurreição não perdem tempo tentando remendar os fundamentos esmigalhados de uma legitimidade já expirada. Eles procuram, pelo contrário, insuflar no próprio movimento a pretensão de uma nova legitimidade, isto é, uma nova pretensão a ser fundada na razão, sobressaindo do plano estratégico no qual as diferentes forças se enfrentam. A legitimidade "do povo", "dos oprimidos" ou "dos 99%" é o cavalo de Troia que permite ao constituinte se inscrever na destituição insurrecional. É o método mais seguro para desfazer uma insurreição — e que não necessita nem mesmo de uma vitória na rua. Para tornar irreversível a destituição é necessário, portanto, começar renunciando *à nossa própria legitimidade*. Temos de abandonar a ideia de que se faz a revolução em nome de algo, que haverá uma entidade, essencialmente justa e inocente, que as forças revolucionárias seriam incumbidas de representar. Não se manda o poder por terra para elevar a si mesmo aos céus.

Destituir a forma específica do poder desta época requer, de início, que se devolva a seu lugar de hipótese a "evidência" que estabelece que os homens *devem ser governados*, seja democraticamente por si mesmos, seja hierarquicamente por outros. Esse pressuposto remonta desde pelo menos o nascimento grego da política — sua força é tanta que os próprios zapatistas reuniram suas "comunas autônomas" nos "conselhos de bom governo". Ele se apoia sobre uma antropologia situável, que pode ser encontrada tanto no anarquista individualista que aspira à plena satisfação de suas paixões e necessidades próprias como nas concepções aparentemente mais pessimistas que veem no homem uma besta ávida que só um poder implacável pode impedir de devorar o próximo. Maquiavel, para quem os homens são "ingratos, volúveis, fingidos e dissimulados, avessos ao perigo, ávidos de ganhos" está, nesse aspecto, de acordo com os fundadores da democracia norte-americana: "ao se conceber qualquer sistema de governo [...] deve-se supor que todo homem é um patife", como postulava Hamilton com base em Hume. Em todos os casos, parte-se da ideia de que a ordem política tem, por vocação, conter uma natureza humana mais ou menos animalesca, em que o Eu enfrenta os outros e o mundo, em que corpos irremediavelmente separados são mantidos juntos por meio de um artifício qualquer. Como demonstrou Marshall Sahlins, essa ideia de uma natureza humana que a "cultura" deveria conter é *uma ilusão ocidental*. Ela exprime *nossa* miséria, e não a de todos os terráqueos. "Para a maior parte da humanidade, o egoísmo como conhecemos não é natural no sentido normativo do termo: ele é considerado como uma forma de loucura, bruxaria, ou como motivo para o ostracismo, a execução, ou, pelo menos, terapia. Em vez de expressar uma natureza humana pré-social, tal cobiça geralmente é compreendida como uma perda de humanidade."[2]

Mas para destituir o governo não basta criticar essa antropologia e seu suposto "realismo". É necessário que consigamos agarrá-la *a partir de fora*, afirmar um outro plano de percepção. Porque, efetivamente, nos movemos *num outro plano*. A partir do exterior relativo em que vivemos, que tentamos construir, chegamos a esta convicção: a questão do governo só é colocada a partir de um vazio, a partir de um vazio que, com frequência, foi preciso *produzir*. É necessário que o poder esteja suficientemente desligado do mundo, que tenha produzido um vazio suficiente em torno do indivíduo e em torno de si próprio, que tenha produzido um espaço suficientemente desértico entre os seres para que possa, a partir daí, questionar-se sobre como agenciar todos esses elementos discordantes desligados entre si, como reunir o separado *enquanto separado*. O poder cria o vazio. O vazio invoca o poder.

2. M. Sahlins, *The Western Illusion of Human Nature*. Chicago: University of Chicago press, 2008, p. 51.

Sair do paradigma do governo é partir politicamente da hipótese inversa. Não existe vazio, tudo é habitado, nós somos, cada um de nós, o local de passagem e de articulação de uma quantidade de afetos, de linhagens, de histórias, de significações, de fluxos materiais que nos excedem. O mundo não nos rodeia, ele nos atravessa. O que nós habitamos nos habita. O que nos cerca nos constitui. Nós não nos pertencemos. Nós estamos agora e sempre disseminados por tudo aquilo a que nos ligamos. A questão não é dar forma ao vazio a partir do qual finalmente conseguiríamos agarrar tudo aquilo que nos escapa, mas de aprender a habitar melhor este que lá está — o que implica se aperceber dele, algo nada evidente para os filhos míopes da democracia. Entrever um mundo povoado não de coisas, mas de forças, não de sujeitos, mas de potências, não de corpos, mas de elos.

É por sua plenitude que as formas de vida alcançam a destituição.

Aqui, a subtração é a afirmação, e a afirmação faz parte do ataque.

Turim, 28 de janeiro de 2012

O PODER É LOGÍSTICO.
BLOQUEEMOS TUDO!

I. O PODER AGORA RESIDE NAS INFRAESTRUTURAS

Ocupação da casbá em Tunis e da praça Syntagma em Atenas; o cerco de Westminster em Londres, durante o movimento estudantil de 2011; o cerco do Parlamento em Madri, em 25 de setembro de 2012; ou em Barcelona, em 15 de junho de 2011; os protestos em torno da Câmara dos Deputados em Roma, em 14 de dezembro de 2010; a tentativa de invasão da Assembleia da República em Lisboa, em 15 de outubro de 2011; o incêndio da sede da presidência bósnia, em fevereiro de 2014: os lugares do poder institucional exercem uma atração magnética sobre os revolucionários. Mas quando os insurgentes conseguem assaltar os parlamentos, os palácios presidenciais e outras sedes de instituições, como na Ucrânia, na Líbia ou em Wisconsin, descobrem lugares vazios,

vazios de poder e decorados sem gosto algum. Não é para impedir o "povo" de "tomar o poder" que eles são protegidos tão ferozmente de uma invasão, mas para impedir que se perceba que o poder *já não reside nas instituições*. Não há mais do que templos abandonados ali, fortalezas desativadas, meros cenários — mas verdadeiras *armadilhas para revolucionários*. O impulso popular de invasão do palco para ver o que acontece nos bastidores tende a ser decepcionante. Mesmo os mais fervorosos conspiracionistas não descobririam nenhum arcano aí; a verdade é que o poder simplesmente já não é mais essa realidade teatral à qual a modernidade nos habituou.

A verdade quanto à localização efetiva do poder, no entanto, não está nada escondida; somos apenas nós que recusamos ver nossas certezas reconfortantes receberem um balde de água fria. Se quisermos saber, basta prestar atenção nas cédulas emitidas pela União Europeia. Nem os marxistas nem os economistas neoclássicos jamais puderam admitir, mas é um fato arqueologicamente estabelecido: a moeda não é um instrumento econômico, mas uma realidade essencialmente *política*. Nunca se viu moeda alguma que não estivesse apoiada numa ordem política que a pudesse garantir. É também por isso que as divisas dos diferentes países apresentam tradicionalmente a figura pessoal dos imperadores, dos grandes homens de Estado, dos pais fundadores ou as alegorias em carne e osso da nação. Ora, qual é a figura impressa nas notas de euro? Não são figuras humanas, não são insígnias de uma soberania pessoal, mas antes pontes, aquedutos, arcos — arquiteturas impessoais cujo centro é o vazio. Cada europeu anda com um exemplar impresso no bolso da verdade sobre a natureza presente do poder. Ela se formula desta forma: *hoje, o poder reside nas infraestruturas deste mundo*. O poder contemporâneo é de natureza arquitetônica e impessoal, e não representativa e pessoal. O poder tradicional era de natureza representativa: o papa era a representação de Cristo na Terra; o rei, de Deus; o presidente, do Povo; o secretário-geral, do Partido, do Proletariado. Toda essa política pessoal morreu, e é por isso que os poucos tribunos que sobrevivem na face do globo entretêm mais do que governam. O pessoal político é efetivamente composto por palhaços de maior ou menor talento: daí o sucesso fulminante do miserável Beppe Grillo na Itália ou do sinistro Dieudonné na França. Em suma, eles ao menos sabem *entreter*: e essa é de fato a sua profissão. Do mesmo modo, criticar os políticos por "não nos representarem" não faz mais do que alimentar uma nostalgia, além de forçar uma porta já aberta. Os políticos não estão lá para isso, eles estão lá para nos distraírem, uma vez que o poder está em outro lugar. E é essa justa intuição que se torna loucura em todos os conspiracionismos contemporâneos. O poder está em outro lugar, bem fora das instituições, mas no entanto não está escondido. Ou, se de fato está, está como *A carta roubada* de Poe. Ninguém o vê porque todos o têm, o tempo todo, à frente dos olhos — na forma de uma linha de alta tensão, de uma rodovia, de um semáforo, de um supermercado ou de um programa de computador. E se está escondido é como uma rede de esgotos, um cabo submarino, a fibra ótica que corre ao longo de uma linha de trem ou um *data center* no meio da floresta. O poder é a própria organização deste mundo, este mundo preparado, configurado, *designado*. Aí está o segredo: não há segredo *algum*.

O poder é agora imanente à vida, tal como a vida é agora organizada tecnológica e mercantilmente. Ele tem a aparência neutra dos equipamentos ou da página branca do Google. Determina a disposição do espaço, governa os meios e os ambientes, administra as coisas, gerencia os acessos — governa os homens. O poder contemporâneo se tornou o herdeiro, por um lado, da velha ciência policial, que consiste em zelar "pelo bem-estar e pela segurança dos cidadãos", e, por outro, da ciência logística dos militares, a "arte de movimentar exércitos" que se transformou na arte que assegura a continuidade das redes de comunicação e a mobilidade estratégica. Com nossa concepção linguística da coisa pública, da política, continuamos os debates enquanto as verdadeiras decisões eram executadas *diante dos nossos olhos*. É em estruturas de aço que as leis contemporâneas se escrevem, e não com palavras. Toda a indignação dos cidadãos não poderá senão bater sua face boquiaberta contra o concreto armado deste mundo. O grande mérito da luta contra o TAV na Itália é ter mostrado, com tanta clareza, tudo o que há de político num simples canteiro de obras públicas. Por simetria, é o que nenhum político poderá admitir. Como esse Bersani, que um dia respondeu aos militantes contra TAV: "No fim de contas, é só uma linha de trem, e não um bombardeiro." "Um canteiro de obras vale um batalhão", avaliava todavia o marechal Lyautey, que não dispunha

101   *O poder é logístico. Bloqueemos tudo!*

de nada semelhante para "pacificar" as colônias. Se as lutas contra os grandes projetos de infraestrutura se multiplicam por todo o mundo, da Romênia ao Brasil, é porque essa intuição está se tornando cada vez mais generalizada.

Quem quiser empreender o que quer que seja contra o mundo existente deve partir daí: a verdadeira estrutura do poder é a organização material, tecnológica, física deste mundo. *O governo já não está no governo.* O "vazio de poder" que durou mais de um ano na Bélgica o atesta de forma inequívoca: o país pôde prescindir de governo, de representantes eleitos, de parlamento, de debate político, de jogo eleitoral sem que nada de seu funcionamento normal fosse afetado. Da mesma forma a Itália, que há anos passa de "governo técnico" para "governo técnico", sem que ninguém se incomode com essa expressão que remonta ao programa-manifesto do Partido Futurista de 1918, o qual incubou os primeiros fascistas.

O poder, de agora em diante, é a ordem mesma das coisas, e a polícia está encarregada de a defender. Não é fácil pensar um poder que está nas infraestruturas, nos meios que as fazem funcionar, que as controlam e que as erguem. Como contestar uma ordem que não se formula, que se constrói passo a passo e sem palavras? Uma ordem que se incorporou nos próprios objetos da vida cotidiana. Uma ordem cuja constituição política é sua constituição material. Uma ordem que se revela menos nas palavras do presidente do que no silêncio do seu funcionamento ótimo. No tempo em que o poder se manifestava por editais, leis e regulamentos, ele deixava lugar à crítica. Mas um muro não se critica: ou ele é destruído ou grafitado. Um governo que *dispõe* a vida por meio de seus instrumentos e planejamentos, cujos enunciados tomam a forma de uma rua ladeada de circuitos e repleta de câmeras, pede apenas, com frequência, uma destruição também ela sem palavras. Atacar o cenário da vida cotidiana se tornou de fato um sacrilégio, algo como violar sua Constituição. O recurso da destruição indiscriminada nos protestos urbanos fala tanto da consciência desse estado de coisas quanto de uma relativa impotência diante dele. A ordem muda e inquestionável que materializa a existência de um Airbus infelizmente não jaz em pedaços quando este se despedaça. A teoria da vidraça quebrada continua de pé depois de se quebrarem todas as vitrines. Toda proclamação hipócrita sobre o caráter sagrado do "ambiente", toda a santa cruzada por sua defesa, apenas puderam ser entendidas à luz desta novidade: *o próprio poder se tornou ambiental*, ele *se fundiu com o entorno*. É ele que fomos convocados para proteger em cada apelo oficial para "preservar o meio ambiente", e não os peixinhos.

2. A DIFERENÇA ENTRE ORGANIZAR E SE ORGANIZAR

A vida cotidiana nem sempre foi *organizada*. Para que isso tenha acontecido foi necessário, antes de mais nada, desmantelar a vida, a começar pela cidade. A vida e a cidade foram decompostas em *funções*, conforme as "necessidades sociais". O bairro de escritórios, o bairro das fábricas, o bairro residencial, os espaços para relaxar, os espaços para diversão, o lugar onde se come, o lugar onde se trabalha, o lugar onde se passeia, e os carros ou os ônibus que ligam tudo isso são o resultado de um trabalho de formatação da vida que é a devastação de todas as formas de vida. Isso foi desenvolvido com método durante mais de um século, por toda uma casta de *organizadores*, todo um exército cinzento de gestores. A vida e o homem foram dissecados num conjunto de necessidades, para depois organizarem a síntese. Pouco importa que tal síntese tenha tomado o nome de "planificação socialista" ou de "mercado". Pouco importa que isso tenha levado ao fracasso das cidades-novas ou ao sucesso dos bairros da moda. O resultado é o mesmo: deserto e anemia existencial. Nada pode subsistir de uma forma de vida quando esta é decomposta em órgãos. Daí provém, inversamente, a alegria palpável que extravasava das praças ocupadas da Puerta del Sol, de Tahrir, de Gezi, ou a atração exercida, apesar da lama infernal dos campos de Nantes, pela ocupação de terras em Notre-Dames-des-Landes. Daí a alegria que se agarra a qualquer *comuna*. Repentinamente, a vida deixa de estar recortada em pedaços conectados. Dormir, lutar, comer, cuidar, festejar, conspirar, debater provêm de um mesmo movimento vital. Nada está *organizado*, tudo *se organiza*. A diferença é notável. Um apela à gestão, o outro à atenção — disposições em todos os pontos incompatíveis.

Ao relatar os levantamentos aimara do início dos anos 2000 na Bolívia, Raul Zibechi, um ativista uruguaio, escreveu: "nestes movimentos, a organização não é desligada da vida cotidiana, é a própria vida cotidiana que toma forma na ação insurrecional." Ele constata que nos bairros de El Alto, em 2003, "um ethos comunal tomou o lugar do antigo ethos sindical". Eis alguém que esclarece no que consiste a luta contra o poder infraestrutural. Quem diz infraestrutura diz que a vida foi desligada de suas condições. Que *foram colocadas condições* à vida. Que esta depende de fatores sobre os quais já não se tem controle. Que perdeu o pé. As infraestruturas organizam uma vida suspensa, uma vida sacrificável, à mercê de quem as gere. O niilismo metropolitano não é mais do que uma forma vaidosa de não o admitir. Inversamente, fica assim mais claro o que se procura nas experimentações em curso em tantos bairros e vilas de todo o mundo, bem como seus inevitáveis obstáculos. Não um regresso à terra, mas um regresso *sobre a* terra. O que constitui a força estratégica das insurreições, sua capacidade de destruir a infraestrutura do adversário de forma duradoura é, justamente, seu nível de auto-organização da vida comum. Que um dos primeiros reflexos de Occupy Wall Street tenha sido o bloqueio da ponte de Brooklyn ou que a comuna de Oakland tenha procurado paralisar com milhares de pessoas o porto da cidade durante a greve geral de 12 de dezembro de 2011 são fatos que dão conta do elo intuitivo entre auto-organização e bloqueio. A fragilidade da auto-organização, que mal se esboçava nessas ocupações, não poderia permitir que tais tentativas fossem mais longe. A praça Tahrir e a Taksim são, pelo contrário, pontos centrais da circulação viária do Cairo e de Istambul. Bloquear esses fluxos era abrir a situação. A ocupação era imediatamente bloqueio. Daí sua capacidade para desarticular o reino da normalidade numa metrópole inteira. Em um nível completamente diferente, é difícil evitar a conexão com o fato dos zapatistas atualmente proporem interligar 29 lutas de defesa contra projetos de minas, de estradas, de centrais elétricas e de barragens, envolvendo diferentes povos indígenas de todo o México, e que eles próprios tenham passado os últimos dez anos tentando estabelecer sua autonomia, por todos os meios possíveis, tanto em relação aos poderes federais quanto aos econômicos.

3. O BLOQUEIO

Um cartaz do movimento de 2006 contra o "contrato de primeiro emprego", na França, dizia: "Este mundo se mantém através dos fluxos. Bloqueemos tudo!" Estas palavras de ordem, propagadas por uma minoria de um movimento também ele minoritário, mesmo que "vitorioso", conheceram desde então um sucesso notável. Em 2009, o movimento contra a *pwofitasyon* [exploração] que paralisou toda a ilha de Guadalupe se utilizou muito delas. Depois, durante o movimento francês contra a mudança do sistema previdenciário, em outono de 2010, vimos a prática do bloqueio se tornar tática elementar de luta, sendo aplicada tanto em um depósito de combustíveis, em um centro comercial, em uma estação de trem ou em um centro de produção. Eis então algo que revela certo estado do mundo.

Que o coração do movimento francês contra a reforma previdenciária tenha sido o bloqueio de refinarias não é um fato que se possa politicamente negligenciar. As refinarias foram, desde o final dos anos 1970, a vanguarda do que então se denominava como "indústrias de processo", as indústrias "de fluxo". Pode-se dizer que o funcionamento da refinaria serviu, desde então, como modelo para a reestruturação da maioria das fábricas. De resto, não se deve falar mais em fábricas, mas de *centros*, centros de produção. A diferença entre a fábrica e o centro é que uma fábrica é uma concentração de operários, de *know-how*, de matérias-primas, de estoques; um centro é apenas um nó num mapa de fluxos produtivos. Seu único traço comum é que tanto aquilo que sai de uma quanto aquilo que sai do outro sofreu, quanto ao que lá entrou, certa transformação. A refinaria é o local onde a relação entre trabalho e produção foi primeiramente derrubada. O operário, ou melhor, o operador já não tem ali sequer as tarefas de manutenção e de reparo das máquinas, as quais são geralmente confiadas a trabalhadores temporários: ele precisa apenas manter certa vigilância em torno de um processo de produção plenamente automatizado. Uma luz que acende e que não deveria, um barulhinho anormal numa canalização, uma fumaça que escapa de forma estranha ou que não tem o aspecto correto. O operário da refinaria é uma espécie de vigilante das máquinas, uma figura inativa da concentração nervosa. E essa é a tendência, agora, num bom número de setores da indústria no Ocidente. O operário clássico se identifica gloriosamente com o Produtor: aqui, a *relação entre trabalho e produção é simplesmente invertida*. Só há trabalho a partir do momento em que a produção para, quando um disfuncionamento a entrava e é necessário corrigir a situação. Os marxistas podem continuar sonhando: o processo de valorização da mercadoria, desde a extração até a bomba, coincide com o processo de circulação, que coincide com o processo de produção, que por sua vez depende em tempo real das flutuações finais do mercado. Dizer que o valor da mercadoria cristaliza o tempo de trabalho do operário foi uma operação política tão frutífera quanto falaciosa. Em uma refinaria, como em qualquer fábrica perfeitamente automatizada, isso se transformou numa marca de ironia cortante. Deem mais dez anos à China, dez anos de greves e de reivindicações, e será a mesma coisa. É evidente que não se pode negligenciar o fato de os operários das refinarias estarem há tempos entre os mais bem pagos do setor industrial, e que tenha sido nesse setor que primeiro se experimentou, pelo menos na França, o que de modo eufemístico se denomina como a "fluidificação das relações sociais", principalmente sindicais.

Durante o movimento contra a reforma previdenciária, a maioria dos depósitos de combustíveis da França foram bloqueados não por seus poucos operários, mas por professores, estudantes, motoristas, maquinistas, carteiros, desempregados, estudantes do ensino médio. Não que esses operários não tivessem direito a isso. É apenas que, num mundo em que a organização da produção é descentralizada, circulante e largamente automatizada, em que cada máquina não é mais do que um ponto num sistema integrado de máquinas que a subsome, em que esse sistemamundo de máquinas, de máquinas que produzem máquinas, tende a se unificar de modo cibernético, cada fluxo particular é um momento do todo da reprodução da sociedade capitalista. Já não há uma "esfera de reprodução", quer da força de trabalho quer das relações sociais, que seja distinta da "esfera de produção". Aliás, esta última já nem mesmo é uma esfera, mas a trama do mundo e de todas as suas relações. Atacar fisicamente esses fluxos, em qualquer ponto, é atacar politicamente o sistema em sua totalidade. Se o sujeito da greve era a classe operária, o do bloqueio é absolutamente qualquer um. É não importa quem, um não importa quem que decide bloquear — e que assim toma parte contra a presente organização do mundo.

Com frequência, é no momento em que atingem seu grau máximo de sofisticação que as civilizações afundam. Cada cadeia produtiva está chegando a um nível de especialização tal, através de um número tal de intermediários, que basta que um único desapareça para que o conjunto inteiro seja paralisado, ou mesmo destruído. Há cerca de cinco anos, as fábricas Honda no Japão registraram o mais longo período de desemprego técnico desde os anos 1960, e isso apenas porque o fornecedor de um chip específico desapareceu no terremoto de março de 2011 e nenhum outro foi capaz de produzi-lo.

Nessa mania de tudo bloquear, que de agora em diante acompanhará cada movimento de amplitude, é preciso ler uma clara reviravolta na relação com o tempo. Olhamos para o futuro da mesma forma como o "anjo da história" de Walter Benjamin olhava para o passado. "A cadeia de fatos que aparece diante dos nossos olhos é para ele uma catástrofe sem fim, que incessantemente acumula ruínas sobre ruínas e lhas lança aos pés." O tempo que passa é visto como uma lenta progressão rumo a um fim provavelmente assustador. Cada década futura é apreendida como mais um passo em direção ao caos climático, que todos entenderam perfeitamente ser a verdade contida no insípido "aquecimento climático". Os metais pesados continuarão, dia após dia, se acumulando na cadeia alimentar, tal como se acumulam os nuclídeos radioativos e tantos outros poluentes invisíveis, mas fatais. Dessa forma, é preciso ver cada tentativa de bloquear o sistema global, cada movimento, cada revolta, cada levante, como uma tentativa vertical de *parar o tempo* e de bifurcá-lo numa direção menos fatal.

4. A PESQUISA

Não é a fraqueza das lutas que explica o desvanecimento de qualquer perspectiva revolucionária: é a ausência de perspectiva revolucionária acreditável que explica a fraqueza das lutas. Obcecados que somos por uma ideia política de revolução, negligenciamos sua dimensão técnica. *Uma perspectiva revolucionária não tem mais a ver com a reorganização institucional da sociedade, mas com a configuração técnica dos mundos.* Trata-se, enquanto tal, de uma linha traçada no presente, não uma imagem flutuante no futuro. Se quisermos reaver uma perspectiva, teremos que reagrupar a constatação difusa de que este mundo não pode durar apenas com o desejo de construir outro melhor. Pois este mundo se mantém, antes de mais nada, através da dependência material que torna cada um, em sua simples sobrevivência, dependente do bom funcionamento geral da máquina social. Precisaremos de um conhecimento técnico aprofundado sobre a organização deste mundo: um conhecimento que permita tanto neutralizar as estruturas dominantes quanto garantir o tempo necessário para organizar uma desconexão material e política com o curso geral da catástrofe, uma desconexão que não seja assombrada pelo espectro da pobreza, pela urgência de sobreviver. Para dizer de forma clara: enquanto não soubermos como nos livrar das centrais nucleares e enquanto desmantelá-las for um negócio para aqueles que as querem eternas, aspirar à abolição do Estado continuará causando risos; enquanto a perspectiva de um levante certamente significar escassez de cuidados médicos, de alimentos ou de energia, não haverá nenhum movimento decidido de massas. Em outras palavras: temos que retomar um trabalho meticuloso de pesquisa. Temos que ir ao encontro, em todos os setores, em todos os territórios que habitamos, daqueles que dispõem de conhecimentos técnicos estratégicos. Apenas a partir disso é que os movimentos ousarão verdadeiramente "bloquear tudo". Apenas a partir disso é que se libertará a paixão de experimentar uma outra vida, paixão técnica em larga escala, que é como o avesso da situação de dependência tecnológica de todos. Esse processo de acumulação de saber, de estabelecimento de cumplicidades em todos os domínios, é a condição para o retorno sério e massivo da questão revolucionária.

"O movimento operário não foi vencido pelo capitalismo, o movimento operário foi vencido pela democracia", dizia Mario Tronti. Ele foi igualmente vencido por não ter conseguido se apropriar do essencial da potência operária. O que faz o operário não é a sua exploração por um patrão, a qual ele partilha com qualquer outro assalariado. Aquilo que de fato faz o operário é incorporar um domínio técnico de um modo de produção particular. Há aí uma inclinação ao mesmo tempo sábia e popular, um conhecimento apaixonado que constituía a riqueza própria do mundo operário antes do capital, que, depois de se precaver contra o perigo aí contido ao sugar todo esse conhecimento, decidiu transformar os operários em operadores, em vigilantes e em agentes de manutenção das máquinas. Mas, mesmo aí, a potência operária se mantém: quem sabe fazer funcionar um

115   *O poder é logístico. Bloqueemos tudo!*

sistema também sabe muito bem sabotá-lo. Ora, ninguém pode dominar individualmente o conjunto de técnicas que permitem ao sistema atual se reproduzir. Apenas uma força coletiva pode fazer isso. Construir uma força revolucionária, nos dias de hoje, é justamente isto: articular todos os mundos e todas as técnicas revolucionariamente necessárias, agregar toda a inteligência técnica numa força histórica, e não num sistema de governo.

O fracasso do movimento francês de luta contra a reforma previdenciária, em 2010, nos deu uma dura lição: se a CGT [Confederação Geral do Trabalho] controlou toda a luta, foi graças à nossa insuficiência *naquele plano lá*. Teria sido suficiente fazer do bloqueio das refinarias, setor em que ela é hegemônica, o centro de gravidade do movimento. Ganhando, dessa forma, a possibilidade de apitar o fim da partida a qualquer momento, reabrindo as veias das refinarias e afrouxando, dessa forma, toda a pressão sobre o país. O que faltou ao movimento foi precisamente um conhecimento mínimo sobre o funcionamento material deste mundo, conhecimento que se encontra disperso nas mãos dos operários, concentrado na cabeça de alguns engenheiros espertinhos, e sem dúvida compartilhado, no polo oposto, em alguma agência militar obscura. Se tivéssemos sabido barrar o fornecimento de gás lacrimogêneo da polícia ou se tivéssemos sabido interromper a propaganda televisiva por um dia, ou se tivéssemos sabido privar as autoridades de eletricidade, certamente as coisas não teriam acabado tão mal. De resto, temos que considerar que a principal derrota *política* do movimento terá sido deixar ao Estado, na forma de requisições policiais, a prerrogativa estratégica de determinar *quem* teria gasolina e *quem* dela seria privado.

"Hoje em dia, se você quiser se livrar de alguém, ataque sua infraestrutura", escreve com razão um universitário norte-americano. Desde a Segunda Guerra Mundial, a Força Aérea norte-americana não parou de desenvolver a ideia de "guerra de infraestrutura", vendo nos equipamentos civis mais banais os melhores alvos para submeter seus adversários. Isso explica, aliás, por que as infraestruturas estratégicas estejam rodeadas por um sigilo crescente. Para uma força revolucionária, não faz sentido saber bloquear a infraestrutura do adversário se não souber como a utilizar em seu proveito, caso necessário.

Saber destruir o sistema tecnológico supõe, simultaneamente, experimentar e pôr em prática as técnicas que o tornam supérfluo. Retornar à terra significa, para começar, deixar de viver na ignorância sobre as condições de nossa existência.

Oakland, 20 de dezembro de 2013

FUCK OFF GOOGLE

I. NÃO HÁ "REVOLUÇÕES FACEBOOK", MAS UMA NOVA CIÊNCIA DE GOVERNO, A CIBERNÉTICA

Poucos conhecem a genealogia e, no entanto, vale a pena conhecê-la: o Twitter provém de um programa denominado TXTMob, inventado por ativistas norte-americanos para, através do celular, se organizarem durante as manifestações contra a convenção nacional do Partido Republicano de 2004. Esse aplicativo foi então utilizado por umas cinco mil pessoas, que partilhavam em tempo real informações sobre as ações em curso e os movimentos da polícia. O Twitter, lançado dois anos mais tarde, foi utilizado para fins similares, por exemplo, na Moldávia. As manifestações iranianas de 2009, por sua vez, popularizaram a ideia de que ele seria a ferramenta necessária para coordenar os insurgentes, em particular contra as ditaduras. Em 2011, quando as revoltas atingiram uma Inglaterra que pensávamos definitivamente impassível, os jornalistas fabularam, e com lógica, que os tweets haviam facilitado a propagação dos motins a partir de seu epicentro, Tottenham. Acontece que, devido às suas necessidades de comunicação, os insurgentes começaram a utilizar os BlackBerry, celulares seguros projetados para o alto escalão de bancos e de multinacionais, e dos quais os serviços secretos ingleses não tinham sequer as chaves de decodificação. Um grupo de hackers chegou a piratear o site da BlackBerry para dissuadi-la de cooperar com a polícia. Se dessa vez o Twitter permitiu uma auto-organização, foi mais a do grupo de cidadãos-varredores que resolveu limpar e reparar os danos causados pelos confrontos e saques. Essa iniciativa foi coordenada pela Crisis Commons: uma "rede global de voluntários que trabalha em conjunto para construir e utilizar ferramentas tecnológicas que ajudem a responder a desastres e que melhorem a resiliência e a resposta a crises." Na época, um jornalzinho da esquerda francesa comparou tal iniciativa com a organização da Puerta del Sol durante o movimento dito "dos indignados". O amálgama entre uma iniciativa que visa a acelerar o regresso à ordem e o fato de milhares de pessoas se organizarem para viver numa praça ocupada, apesar das constantes investidas da polícia, pode parecer absurdo. A não ser que se veja aqui apenas dois gestos *espontâneos, conectados e cidadãos*. Desde o 15-M, os "indignados" espanhóis, pelo menos uma parte não negligenciável deles, invocaram sua fé na utopia da cidadania conectada. Para eles, as redes sociais virtuais não haviam apenas acelerado a propagação do movimento de 2011, elas haviam, também e sobretudo, lançado as bases de um novo tipo de organização política, para a luta e para a sociedade: uma democracia conectada, participativa, transparente. É sempre deplorável, para "revolucionários", partilhar uma ideia dessas com Jared Cohen, o conselheiro para antiterrorismo do governo norte-americano que contatou e pressionou o Twitter durante a "revolução iraniana" de 2009 para manter seu funcionamento apesar da censura. Recentemente, Jared Cohen escreveu com seu ex-patrão do Google, Eric Schmidt, um livro político paralisante, *A nova era digital*.[1] Já nas primeiras

1. Eric Schmidt e Jared Cohen, *The new digital age*. Londres: Hachette, 2013 [Ed. bras.: *A nova era digital*, trad. de Ana Beatriz Rodrigues e Rogério Durst. Rio de Janeiro: Intrínseca, 2013].

páginas pode-se ler esta ótima frase para alimentar a confusão quanto às virtudes políticas das novas tecnologias de comunicação: "A internet é o maior experimento envolvendo anarquia da história."

"Em Tripoli, Tottenham ou Wall Street, as pessoas protestaram contra a derrocada das políticas atuais e as magras possibilidades oferecidas pelo sistema eleitoral... Elas perderam a fé no governo e nas outras instituições centralizadas do poder... Não há nenhuma justificativa viável para que um sistema democrático limite a participação dos cidadãos ao simples ato de votar. Vivemos num mundo onde pessoas normais contribuem para a Wikipédia; organizam manifestações online no ciberespaço e no mundo físico, como as revoluções egípcia e tunisina ou o movimento dos *indignados* na Espanha; e esmiúçam as mensagens diplomáticas reveladas pelo WikiLeaks. As mesmas tecnologias que nos permitem trabalhar à distância juntos criam a esperança de que nós poderemos nos governar melhor." Não é uma *"indignada"* que fala, ou, se o é, será necessário especificar que ela acampou durante muito tempo num escritório da Casa Branca: Beth Noveck dirigia a iniciativa "Open Government" da administração

Obama. Esse programa parte da constatação de que a função governamental consiste, daqui para a frente, em promover a relação entre cidadãos e em disponibilizar informações retidas no seio da máquina burocrática. Assim, para a prefeitura de Nova York, "a estrutura hierárquica que se baseia no fato de que o governo sabe o que é bom para você caducou. O novo modelo para este século se apoia na cocriação e na colaboração".

O conceito de *Open Government Data* foi, sem surpresa, elaborado não por políticos, mas por programadores — aliás, por fervorosos defensores do desenvolvimento de software *open source* — que invocaram a ambição dos pais fundadores dos Estados Unidos: que "cada cidadão tome parte no governo". O governo, aqui, é reduzido a um papel de animador ou de facilitador, ou, em última análise, ao de "plataforma de coordenação da ação cidadã". O paralelismo com as redes sociais é de todo assumido. "Como é que a cidade pode ser pensada da mesma forma que o ecossistema de API [interfaces de programação] do Facebook ou do Twitter?" é a pergunta que paira no gabinete do prefeito de Nova York. "Isso deve nos permitir produzir uma experiência de governo mais

125   *Fuck off google*

centrado no usuário, visto que o desafio não é só o consumo, mas a coprodução de serviços públicos e de democracia." Mesmo que esses discursos sejam vistos como fantasias, como frutos de cérebros superaquecidos do Vale do Silício, isso confirma que a prática de governo se identifica cada vez menos com a soberania estatal. Na era das redes, governar significa assegurar a interconexão dos homens, dos objetos e das máquinas, assim como a livre circulação — isto é, transparente e controlável — da informação assim produzida. Algo que já se desenrola, em larga medida, fora dos aparelhos de Estado, ainda que estes tentem conservar o controle por todos os meios. O Facebook é por certo menos o modelo de uma nova forma de governo do que sua realidade já em ação. O fato de que revolucionários o tenham utilizado e ainda o utilizem para se encontrarem em massa na rua prova apenas que é possível utilizar o Facebook, em certos lugares, contra ele próprio, contra sua vocação essencialmente policial.

Quando os programadores se introduzem nos palácios presidenciais e nos gabinetes dos prefeitos das maiores cidades do mundo, como vêm fazendo, é menos para lá se instalarem do que para explicar as novas regras do jogo: a partir de agora, a administração governamental concorre com outros prestadores dos mesmos serviços que, para o azar dela, estão alguns passos à frente. Ao propor o uso de suas *clouds* para proteger os serviços do Estado das revoluções — serviços como a ficha criminal, em breve disponível como aplicativo para smartphone — os autores de *A nova era digital* afirmam: "No futuro, as pessoas não farão backup apenas de seus dados, mas também de seu governo." E, caso não tenhamos percebido bem quem é o *boss* agora, concluem: "Os governos podem entrar em colapso, e guerras podem destruir a infraestrutura física, mas as instituições virtuais vão sobreviver." O que se esconde, com o Google, sob a aparência de uma interface inocente, de uma ferramenta de busca de rara eficácia, é um projeto explicitamente político. Uma empresa que cartografa o planeta Terra, enviando equipes para cada uma das ruas de cada uma das cidades, não pode ter objetivos estritamente comerciais. Jamais se cartografa aquilo que não se imagina tomar. "*Don't be evil!*": deixe-se levar.

É um pouco perturbador constatar que sob as barracas que cobriam o Zuccotti Park e nos escritórios das empresas de planejamento — isto é, um pouco mais alto nos céus de Nova York —, a resposta ao desastre é pensada nos mesmos termos: conexão, rede, auto-organização. É o sinal de que, ao mesmo tempo em que as novas tecnologias de comunicação foram colocadas em prática para tecer não apenas sua teia sobre a Terra, mas a própria textura do mundo em que vivemos, uma certa forma de pensar e de governar estava em vias de vencer. Ora, as bases dessa nova ciência de governo foram lançadas por esses mesmos engenheiros e cientistas que inventaram os meios técnicos de sua aplicação. A história é a seguinte: nos anos 1940, enquanto terminava seu trabalho no exército norte-americano, o matemático Norbert Wiener pretendeu fundar, ao mesmo tempo, uma nova ciência e uma nova definição do homem, de sua relação com o mundo, de sua relação consigo próprio. Claude Shannon, engenheiro na Bell e no MIT, cujos trabalhos sobre amostragem ou sobre medição da informação serviram para o desenvolvimento das telecomunicações, assumiu parte desse trabalho. Da mesma forma que o surpreendente Gregory Bateson, antropólogo na Harvard, empregado pelos serviços secretos norte-americanos no Sudeste Asiático durante a Segunda Guerra Mundial, amante refinado de LSD e fundador da escola de Palo Alto. Ou ainda o truculento John von Neumann, redator do *First Draft of a Report on the EDVAC* — considerado como o texto fundador das ciências da computação —, inventor da teoria dos jogos — contribuição determinante para a economia neoliberal —, partidário de um ataque nuclear preventivo contra a União Soviética e que, após determinar o ponto ótimo para largar a bomba sobre o Japão, não se cansou de prestar diversos serviços ao exército norte-americano e à então jovem CIA. Ou seja, exatamente aqueles que contribuíram de forma inegável para o desenvolvimento dos novos meios de comunicação e de processamento de dados após a Segunda Guerra Mundial, e que lançaram, assim, as bases dessa "ciência" que Wiener chamaria de "cibernética". Um termo que Ampère tinha tido a boa ideia de definir, um século antes, como a "ciência do governo". Temos, portanto, uma arte de governar cujo gesto fundador é quase esquecido, mas cujos conceitos se disseminaram subterraneamente, irrigando tanto a informática como a biologia, a inteligência artificial, a gestão ou as ciências cognitivas, ao mesmo tempo que se instalavam cabos, um após o outro, por toda a superfície do globo.

Nós não vivemos, após 2008, uma brusca e inesperada "crise econômica", nós apenas assistimos à lenta falência da economia política *enquanto arte de governar*. A economia nunca foi nem uma realidade nem uma ciência. Ela nasceu no século XVII imediatamente como arte de governar as populações. Era preciso evitar a pobreza para evitar a revolta, daí a importância da questão dos "cereais", e produzir riqueza para aumentar o poder do soberano. "A via mais segura para qualquer governo é se apoiar sobre os interesses dos homens", dizia Hamilton. Uma vez elucidadas as leis "naturais" da economia, governar significava deixar seu mecanismo harmonioso funcionar livremente, mover os homens manobrando seus interesses. Harmonia, previsibilidade de comportamentos, futuro radiante, uma suposta racionalidade dos atores. Tudo isto implicava certa confiança, poder "dar crédito". Mas são justamente esses fundamentos da velha prática governamental que a gestão através da crise permanente vem pulverizar. Nós não vivemos uma monumental "crise de confiança" mas o *fim* da confiança, a qual se tornou supérflua para o governo. Onde o controle e a transparência reinam, onde o comportamento dos sujeitos é antecipado em tempo real pelo tratamento algorítmico da massa de informações disponíveis sobre eles, não há mais necessidade de confiar neles nem de que eles tenham confiança: basta que eles sejam suficientemente vigiados. Como dizia Lenin, "a confiança é boa; o controle é melhor".

A crise de confiança do Ocidente em si próprio, em seu saber, em sua linguagem, em sua razão, em seu liberalismo, em seu sujeito e no mundo, remonta, de fato, ao final do século XIX: ela estoura em todos os domínios com e em torno da Primeira Guerra Mundial. A cibernética se desenvolveu nessa ferida aberta da modernidade; ela se impôs como remédio à crise existencial e, portanto, governamental do Ocidente. Como considerava Wiener, "somos náufragos num planeta condenado. Todavia, mesmo num naufrágio, as regras de decoro e os valores humanos não desaparecem necessariamente, e cumpre-nos tirar o melhor proveito deles. Iremos ao fundo, sim, mas que seja pelo menos de uma maneira que possamos considerar à altura de nossa dignidade".[2] O governo

2. Norbert Wiener, *The human use of human beings*. Boston: Houghton Mifflin Company, 1950 [Ed. bras.: *Cibernética e sociedade*, trad. de José Paulo Paes. São Paulo: Cultrix, 1965, p. 40]

cibernético é apocalíptico por natureza. Sua finalidade é impedir de forma local o movimento espontaneamente entrópico, caótico do mundo e assegurar "ilhotas de ordem", de estabilidade, e — quem sabe? — a perpétua autorregulação dos sistemas através da circulação desenfreada, transparente e controlável da informação. "A comunicação é o cimento da sociedade, e aqueles cujo trabalho consiste em manter desimpedidas as vias de comunicação são os mesmos de quem sobretudo depende a perpetuação ou a queda de nossa civilização",[3] acreditava saber Wiener. Como em todo período de transição, a passagem da antiga governamentalidade econômica à cibernética abre uma fase de instabilidade, uma claraboia histórica na qual é a governamentalidade *enquanto tal* que pode ser colocada em xeque.

2. GUERRA AO *SMART*!

Nos anos 1980, Terry Winograd, o mentor de Larry Page, um dos fundadores do Google, e Fernando

3. Id., *I m a Mathematician. The later life of a prodigy* . Massachusetts: MIT Press, 1956, p. 326.

Flores, antigo ministro da Economia de Salvador Allende, escreveram que a concepção da tecnologia de informação é "de ordem ontológica. Ela constitui uma intervenção sobre a base de nossa herança cultural, que cresce a partir dos modos de ser já existentes no mundo, e afeta de maneira profunda nossas maneiras de ser. [...] Ela é necessariamente reflexiva e política." Pode-se dizer o mesmo da cibernética. Oficialmente, ainda somos governados pelo velho paradigma ocidental dualista no qual há o sujeito e o mundo, o indivíduo e a sociedade, os homens e as máquinas, o espírito e o corpo, o vivo e o inerte; são distinções que o senso comum ainda tem como válidas. Na realidade, o capitalismo cibernetizado pratica uma ontologia, e portanto uma antropologia, cujas inovações reserva a seu séquito. O sujeito ocidental racional, consciente de seus interesses, que aspira ao domínio do mundo e que por isso é governável, dá lugar à concepção cibernética de um ser sem interioridade, de um *selfless self*, de um eu sem eu, emergente, climático, constituído por sua exterioridade, por suas relações. Um ser que, armado com o seu Apple Watch, acaba por se apreender de modo integral a partir de fora, a partir das estatísticas que cada um dos seus comportamentos engendra. Um *Quantified Self* que gostaria muito de controlar, medir e desesperadamente otimizar cada um de seus gestos, cada um de seus afetos. Para a cibernética mais avançada, já não há o homem e o seu meio ambiente, mas, antes, um ser-sistema, ele próprio inscrito num conjunto de sistemas complexos de informação, centros de processos de auto-organização; um ser que percebemos melhor a partir da via média do budismo indiano do que de Descartes. "Para o homem, estar vivo equivale a ser parte de um amplo sistema mundial de comunicação", afirmava Wiener em 1948.

Tal como a economia política produziu um *homo economicus* gerenciável no âmbito dos Estados industriais, a cibernética produz sua própria humanidade. Uma humanidade transparente, esvaziada pelos próprios fluxos que a atravessam, eletrizada pela informação, ligada ao mundo por uma quantidade sempre crescente de dispositivos. Uma humanidade inseparável de seu ambiente tecnológico, porque por ele constituída e por ele conduzida. Eis agora o objeto do governo, não mais o homem nem seus interesses, mas seu "ambiente social". Um ambiente cujo modelo é a cidade inteligente. Inteligente porque produz, graças a seus sensores, a informação cujo processamento permite sua autogestão em tempo real. E inteligente porque produz e é produzida por habitantes inteligentes. A economia política reinava sobre os homens deixando-os livres para prosseguir em seus interesses; a cibernética os controla, deixando-os livres para comunicar. "Devemos reinventar os sistemas sociais num paradigma controlado", resumia recentemente o professor do MIT, Alex Pentland, num artigo de 2011.

A visão mais petrificante e mais realista da metrópole do futuro não está nas brochuras que a IBM distribui aos municípios para lhes vender sistemas de controle dos fluxos de água, de eletricidade ou do tráfego viário. É antes essa que se desenvolveu a priori "contra" a visão orwelliana da cidade: "*smart cities*" coproduzidas por seus habitantes (ou, pelo menos, pelos mais conectados dentre eles). Outro professor do MIT, numa viagem pela Catalunha, ficou feliz ao ver a sua capital pouco a pouco se tornar uma "*fab city*": "Sentado aqui, em pleno centro de Barcelona, vejo que uma nova cidade se inventa, na qual todo o mundo poderá ter acesso às ferramentas para que ela se torne completamente autônoma." Os cidadãos já não são mais subalternos, mas sim *smart people*; "receptores e geradores de ideias, de serviços e de soluções", como diz um deles. Nessa visão, a metrópole não se torna *smart* pela decisão e pela ação de um governo central, ela surge, tal como uma "ordem espontânea", quando seus habitantes "encontram novos meios de fabricar, ligar e dar sentido a seus próprios dados". Eis que nasce a metrópole *resiliente*, aquela que deverá resistir a qualquer desastre.

Por trás da promessa futurista de um mundo de homens e de objetos conectados integralmente — quando carros, geladeiras, relógios, aspiradores e vibradores estiverem diretamente ligados entre si e à internet —, há o que já está aqui: o fato de que o mais polivalente dos sensores já está em funcionamento — eu-próprio. "Eu" partilho minha geolocalização, meu estado de humor, minhas ideias, o relato do que vi hoje de incrível ou de incrivelmente banal. Eu corri; e imediatamente partilhei meu percurso, meu tempo, minha performance e sua autoavaliação. *Posto* permanentemente as fotos de minhas férias, de minhas noitadas, de minhas rebeliões, de meus colegas, daquilo que vou comer como daquilo que vou foder. Parece que não estou fazendo nada, mas no entanto produzo dados o tempo todo. Quer trabalhe quer não, minha vida cotidiana, enquanto estoque de informações, continua integralmente valorizável. Eu melhoro o algoritmo de modo contínuo.

"Graças às redes difusas de sensores, nós teremos o ponto de vista onisciente de Deus sobre nós mesmos. Pela primeira vez, podemos cartografar com precisão o comportamento de massa das pessoas no nível da vida cotidiana", entusiasma-se um daqueles professores do MIT. Os grandes repositórios refrigerados de dados são a despensa do governo atual. Ao vasculhar as bases de dados produzidas e continuadamente atualizadas pela vida cotidiana dos humanos conectados, ele procura as correlações que permitam estabelecer não leis universais, nem mesmo os "porquês", mas os "quandos" e os "quês", previsões pontuais e situadas, oráculos. Gerir o imprevisível, governar o ingovernável e não mais tentar aboli-lo, essa é a ambição declarada da cibernética. A gestão do governo cibernético não é apenas, como no tempo da economia política, prever para orientar a ação, mas agir diretamente sobre o virtual, estruturar os possíveis. Há alguns anos, a polícia de Los Angeles implementou um novo programa de computador chamado "PredPol". Ele calcula, a partir de um monte de estatísticas criminais, as probabilidades que este ou aquele delito seja cometido, bairro a bairro, rua a rua. É o próprio software que, a partir dessas probabilidades atualizadas em tempo real, comanda as patrulhas da polícia na cidade. Um guru cibernético escrevia, no jornal Le Monde, em 1948: "Poderemos sonhar com um tempo em que a máquina de governar virá suprir — para o bem ou para o mal, quem o saberá? — a insuficiência patente nos dias de hoje das lideranças e dos aparelhos habituais da política." Cada época sonha a seguinte, mesmo que o sonho de uma se torne o pesadelo cotidiano da outra.

O objeto da grande colheita de informações pessoais não é um rastreamento individualizado do conjunto da população. A insinuação na intimidade de cada um e de todos serve menos para produzir fichas individuais do que grandes bases estatísticas que ganham sentido pela quantidade. É mais econômico correlacionar as características comuns dos indivíduos numa multidão de "perfis", com os prováveis devires que daí decorrem. Não interessa o indivíduo presente e inteiro, mas apenas aquilo que permite determinar suas linhas de fuga potenciais. O interessante de vigiar perfis genéricos, "acontecimentos" e virtualidades é que entidades estatísticas não se revoltam; e que os indivíduos podem sempre alegar que não estão sendo vigiados, pelo menos não como pessoa. Enquanto a governamentalidade cibernética opera a partir de uma lógica de todo nova, seus sujeitos continuam a se pensar de acordo com o paradigma antigo. Cremos que nossos dados "pessoais" nos pertencem, como nosso carro ou nossos sapatos, e que não fazemos mais do que exercer nossa "liberdade individual" ao permitir que o Google, o Facebook, a Apple, a Amazon ou a polícia tenham acesso a eles, sem vermos que isso tem efeitos imediatos sobre aqueles que se recusam a tanto, e que de agora em diante serão tratados como suspeitos, potenciais desviantes. "Certamente," preveem os autores de *A nova era digital*, "no futuro, como agora, haverá aqueles que resistirão à adoção e ao uso da tecnologia, aqueles que não vão querer ter perfis virtuais, sistemas de dados on-line ou smartphones. Entretanto, o governo poderá desconfiar de que as pessoas que optam por ficar isoladas por completo da rede tenham algo a esconder e, assim, uma propensão maior a violar as leis. Como medida de contraterrorismo esse governo desenvolverá o tipo de registro de 'pessoas ocultas' que descrevemos antes.

Se você não tiver perfil em rede social ou assinatura de celular e em geral for difícil encontrar referências on-line a seu respeito, talvez você seja considerado um candidato à inclusão nesses registros. E provavelmente também ficará sujeito a um conjunto restritivo de novas normas que incluem rigorosa verificação nos aeroportos e até restrições de deslocamento".

3. MISÉRIA DA CIBERNÉTICA

Os serviços de segurança estão em vias de considerar que um perfil de Facebook tem mais *credibilidade* do que o indivíduo supostamente por trás dele. Isso é um indicador da porosidade entre aquilo a que ainda chamamos o virtual e o real. A acelerada transformação do mundo real em dados torna cada vez menos pertinente pensar o mundo conectado como separado do mundo físico, o ciberespaço da realidade. "Vejam o Android, o Gmail, o Google Maps, o Google Search. É isso que nós fazemos. Nós fabricamos produtos sem os quais é impossível viver", afirma-se na cidade de Mountain View. Há alguns anos, a onipresença de objetos conectados na vida cotidiana dos humanos desencadeia, no entanto, alguns reflexos de sobrevivência por parte dos últimos. Alguns donos de bar decidiram banir os Google Glass de seus estabelecimentos — o que os fez, aliás, realmente entrarem na moda. Florescem iniciativas que incitam a desconexão pontual (um dia por semana, um fim de semana, um mês) como forma de medir sua dependência dos objetos tecnológicos e reviver uma "autêntica" experiência do real. É evidente que a tentativa se revela vã. O simpático fim de semana à beira-mar com a família e sem smartphone é vivido, antes de tudo, *enquanto experiência de desconexão*; isso significa que ela é de imediato projetada no momento da reconexão, e de sua partilha na rede.

Em última análise, no entanto, a relação abstrata do homem ocidental ao se coisificar em todo um conjunto de dispositivos, em todo um universo de reproduções virtuais, reabriu paradoxalmente o caminho em direção à presença. Como nos desligamos de tudo, acabaremos por nos desligar de nosso próprio desligamento. A intoxicação tecnológica nos devolverá, no fim de contas, a capacidade de nos comovermos com a existência nua, sem pixel, de uma madressilva. Terá sido necessário que todos os tipos de telas se interpusessem entre nós e o mundo para nos restituir

141   *Fuck off google*

o incomparável brilho do mundo sensível, o maravilhamento face ao que está aqui. Terá sido necessário que centenas de "amigos" que estão pouco se importando conosco deem um *like* em nosso Facebook para melhor nos ridicularizarem mais tarde, para reencontrarmos o antigo gosto da amizade.

Por não conseguir produzir computadores capazes de se igualarem ao homem, tentou-se empobrecer a experiência humana a ponto de se confundir a vida com seu modelo digital. Será que é possível imaginar o deserto humano que foi necessário criar para tornar a existência nas redes sociais desejável? Da mesma forma, foi necessário que o viajante cedesse lugar ao turista para ser possível imaginar que este aceitaria pagar para percorrer o mundo via holograma a partir de sua sala de estar. Mas a menor experiência real fará explodir a miséria desse tipo de ilusionismo. É *a miséria da cibernética que, por fim, abaterá* a própria cibernética. Para uma geração super-individualizada cuja sociabilidade primária tinha sido a das *redes sociais*, a greve estudantil do Quebec, em 2012, foi antes de mais nada a revelação fulminante da potência insurrecional do simples fato de se estar junto e de se colocar em marcha. Foi um encontro nunca antes visto, tão intenso que essas amizades insurgentes até se chocaram contra os cordões policiais. As armadilhas do poder nada podiam contra isso: pelo contrário, até se tornaram uma outra forma de se experimentar em conjunto. "O fim do Eu será a gênese da presença", anunciava Giorgio Cesarano no seu *Manuale di sopravvivenza*.

A virtude dos hackers foi o fato de terem partido da materialidade do universo considerado virtual. Como disse um membro dos Telecomix, um grupo de hackers que se destaca ajudando os sírios a contornar o controle estatal das comunicações via internet: se o hacker está avançado em relação a seu tempo, é porque "ele não considerou essa nova ferramenta [internet] como um mundo virtual à parte, mas antes como uma extensão da realidade física". O que é agora mais flagrante, quando o movimento hacker se projeta para fora das telas ao abrir hackerspaces, nos quais se pode esmiuçar, construir, fazer funcionar tanto softwares como objetos. A extensão e a ramificação do *Do it yourself* (DIY) na rede desencadeou uma gama de pretensões: trata-se de pôr as coisas para funcionar, a rua, a cidade, a sociedade e mesmo a vida. Certos progressistas doentios

143   *Fuck off google*

se apressaram em ver aí as premissas de uma nova economia, ou mesmo de uma nova civilização, dessa vez baseada na "partilha". E, claro, a "criação", valorizada na presente economia capitalista para lá dos antigos grilhões industriais. Os gestores são incitados a facilitar iniciativas livres, promover projetos inovadores, a criatividade, o gênio e, sem dúvida, o desvio — "a empresa do futuro deve proteger o desviante, visto que é ele que inova e que é capaz de criar racionalidade no desconhecido", dizem. Hoje em dia, o valor não é procurado nas novas funcionalidades de uma mercadoria, nem mesmo em sua desejabilidade ou sentido, mas na experiência que oferece ao consumidor. Então por que não lhe oferecer, a esse consumidor, a experiência última de passar para o outro lado do processo de criação? Nessa perspectiva, os hackerspaces ou os Fab Labs se transformam nos espaços onde se podem realizar os "projetos" dos "consumidores-inovadores", fazer emergir "novos locais de mercado". Em São Francisco, a empresa Techshop pretende desenvolver um novo gênero de clubes de fitness nos quais, em troca de uma anuidade, as pessoas "se encontram todas as semanas para montar, criar e desenvolver os seus projetos".

O fato de o exército norte-americano financiar lugares similares no âmbito do programa Cyber Fast Track da Darpa [Agência de Projetos de Pesquisa Avançada de Defesa] não condena os hackerspaces enquanto tal. Da mesma forma que sua captura no seio do movimento "Maker" também não condena esses espaços, nos quais se pode conjuntamente construir, reparar ou desviar objetos industriais de seus usos primeiros, a integrar a enésima reestruturação do processo de produção capitalista. Os kits de construção de vilas, como os da Open Source Ecology, com suas cinquenta máquinas moduláveis — trator, fresadora, betoneira etc. — e módulos de habitação de autoconstrução também poderiam ter um outro destino que não o de servir para fundar uma "pequena civilização com todo o conforto moderno" ou para criar "economias integrais", um "sistema financeiro" ou um "novo governo", como ambiciona seu atual guru. A agricultura urbana, que se instala sobre os tetos dos edifícios ou nos vazios industriais — seguindo o exemplo das 1.3 mil hortas comunitárias de Detroit — poderia ter outras ambições que não de participar da retomada econômica ou da "resiliência das zonas devastadas". Os ataques, como os promovidos pelos

Anonymous/Lulzsec contra a polícia, as sociedades bancárias, as multinacionais de serviços secretos ou de telecomunicações, poderiam muito bem extravasar o ciberespaço. Como diz um hacker ucraniano: "Quando você deve zelar por sua vida, você rapidamente para de imprimir coisas em 3D. Você arranja outro plano."

4. TÉCNICAS CONTRA A TECNOLOGIA

Aqui surge a famosa "questão da técnica", ponto cego no movimento revolucionário de hoje. Uma mente cujo nome podemos esquecer descrevia desta forma a tragédia francesa: "um país globalmente tecnófobo dominado por uma elite globalmente tecnófila"; se a constatação não vale necessariamente para todo o país, em todo caso vale para os meios radicais. A maior parte dos marxistas e dos pós-marxistas juntam sua propensão atávica para a hegemonia a certo vínculo à técnica-que-liberta-o-homem, enquanto boa parte dos anarquistas e pós-anarquistas se acomodam sem dificuldade numa confortável posição de minoria, ou mesmo de minoria oprimida, colocando-se, de maneira geral, em posições hostis à "técnica".

Cada tendência dispõe até mesmo de sua caricatura: aos partidários negrianos do ciborgue, da revolução eletrônica pela multitude conectada, respondem os anti-industriais que transformaram a crítica do progresso e do "desastre da civilização tecnicista" num gênero literário bem rentável e numa ideologia de nicho, na qual nos mantemos quentes e aconchegados diante da incapacidade de vislumbrar uma possibilidade revolucionária qualquer. Tecnofilia e tecnofobia formam um par diabólico unido por esta mentira central: que uma coisa como *a* técnica existiria. Ao que parece, seria possível fazer a divisão, na existência humana, entre o que é técnica e o que não o é. Mas não: basta ver em que estado inacabado nasce a cria humana, e o tempo que ela leva para conseguir se mover no mundo ou para falar, para nos darmos conta de que sua relação com o mundo não é dada de modo algum, mas antes o resultado de uma enorme elaboração. A relação do homem com o mundo, por não estar sujeita a uma adequação natural, é essencialmente artificial, *técnica*, para falar grego. Cada mundo humano é uma determinada configuração de técnicas, de técnicas culinárias, arquiteturais, espirituais, informáticas, agrícolas, eróticas, guerreiras etc. E é exatamente por isso que não há essência humana genérica: porque só há técnicas particulares e cada técnica configura um mundo, materializando-se assim certa relação com este, uma determinada *forma de vida*. Não se "constrói", portanto, uma forma de vida; não se faz mais do que incorporar técnicas, pelo exemplo, pelo exercício ou pela aprendizagem. É também por isso que nosso mundo familiar raramente nos surge como "técnica": porque o conjunto dos artifícios que o articulam já faz parte de nós; são sobretudo aqueles que não conhecemos que nos parecem de uma estranha artificialidade. Também o caráter técnico de nosso mundo vivido só nos salta aos olhos em duas circunstâncias: na invenção e na "pane". É apenas quando assistimos a uma descoberta ou quando um elemento familiar falta, quebra ou para de funcionar que a ilusão de viver num mundo natural cede face à evidência contrária.

Não podemos reduzir as técnicas a um conjunto de instrumentos equivalentes de que o Homem, esse ser genérico, se serviria de forma indiferenciada. Cada utensílio configura e incorpora uma determinada relação com o mundo e afeta aquele que o emprega. Os mundos assim forjados não são equivalentes, não mais do que os homens que os povoam. E não sendo equivalentes, também não são hierarquizáveis. Não há nada que permita estabelecer uns como mais "avançados" do que outros. Eles são simplesmente distintos, tendo cada um seu próprio devir e sua própria história. Para hierarquizar os mundos, é necessário introduzir neles um critério, um critério implícito que permita classificar as diferentes técnicas. Tal critério, no caso do progresso, é apenas a produtividade quantificável de técnicas, tomada independentemente de tudo o que eticamente carrega cada técnica, independentemente do que ela engendra como mundo sensível. É por isso que não há progresso senão o progresso capitalista, e é por isso que o capitalismo é a destruição continuada dos mundos. Da mesma forma, não é porque as técnicas produzem mundos e formas de vida que a essência do homem é a produção, como pensava Marx. É isto o que escapa simultaneamente a tecnófilos e a tecnófobos: a natureza ética de cada técnica.

Deve-se acrescentar o seguinte: o pesadelo desta época não está no fato de ela ser "a era da técnica", mas sim *a era da tecnologia*. A tecnologia não é o arremate final das técnicas; trata-se, pelo contrário, da expropriação aos humanos de suas diferentes técnicas constitutivas. A tecnologia é a *sistematização* das técnicas mais *eficazes* e o consequente achatamento dos mundos e das relações com o mundo que cada uma delas movimenta. A tecnologia é um *discurso sobre as técnicas que não cessa de se realizar*. Da mesma forma que a ideologia da festa é a morte da festa real, que a ideologia do encontro é a própria impossibilidade do encontro, a tecnologia é a neutralização de todas as outras técnicas particulares. Nesse sentido, o capitalismo é essencialmente tecnológico: é a organização rentável, num sistema, das técnicas mais produtivas. Sua figura cardinal não é o economista, mas sim o engenheiro. O engenheiro é o especialista, e, portanto, o chefe dos expropriadores das técnicas, aquele que não se deixa afetar por nenhuma delas e propaga por todo o lado sua própria carência de mundo. É uma figura triste e servil. A solidariedade entre capitalismo e socialismo aí se tece: no culto do engenheiro. Foram engenheiros que elaboraram a maior parte dos modelos da economia neoclássica, assim como os programas informáticos de *trading* contemporâneos. Recordemos que a grande virtude de Brejnev foi ter sido engenheiro da indústria metalúrgica na Ucrânia.

A figura do hacker se opõe, ponto por ponto, à figura do engenheiro, quaisquer que sejam as tentativas artísticas, policiais ou empresariais de a neutralizar. Enquanto o engenheiro captura tudo o que funciona, e isso para que tudo funcione melhor a serviço do sistema, o hacker se pergunta "como é que isso funciona?" para encontrar as falhas, mas também para inventar outras utilizações, para experimentar. Experimentar significa, então, viver o que implica *eticamente* esta ou aquela técnica. O hacker vem arrancar as técnicas do sistema tecnológico, libertando-as. Se somos escravos da tecnologia, é justamente porque há todo um conjunto de artefatos de nossa existência cotidiana que temos como especificamente "técnicos" e que consideramos sempre como meras caixas-pretas das quais somos inocentes usuários. O uso de computadores para atacar a CIA comprova de modo suficiente que a cibernética não é a ciência dos computadores, da mesma forma como a astronomia não é a ciência dos telescópios. Compreender como funciona qualquer um dos aparelhos que nos rodeia significa um aumento de poder imediato, um poder que nos dá controle sobre aquilo que a partir de então já não surge mais como o ambiente que nos cerca, mas como um mundo disposto de certa maneira e sobre o qual podemos intervir. É este o ponto de vista hacker sobre o mundo.

Nestes últimos anos, o meio hacker percorreu um caminho político considerável, conseguindo identificar de maneira mais clara amigos e inimigos. Seu devir-revolucionário, no entanto, confronta-se com vários obstáculos de peso. Em 1986, "Doctor Crash" escreveu: "Quer você saiba, quer não, se você é hacker, é revolucionário. Não se preocupe, você está do lado certo." Tal inocência talvez não seja mais permitida. No meio hacker, há uma ilusão originária segundo a qual se poderia opor a "liberdade de informação", a "liberdade da internet" ou a "liberdade do indivíduo" àquilo que as pretende controlar. É um grave equívoco. *A liberdade e a vigilância provêm do mesmo paradigma de governo.* A extensão infinita dos processos de controle é, historicamente, o corolário de uma forma de poder que se realiza *através* da liberdade dos indivíduos. O governo liberal não é aquele que se exerce de modo direto sobre o corpo de seus sujeitos ou que espera deles uma obediência filial. É um poder totalmente em contração, que prefere ordenar o espaço e reinar sobre interesses, mais do que sobre corpos. Um poder que vela, vigia e age o menos possível, intervindo apenas quando o *paradigma* é ameaçado, sobre aquilo que *vai demasiado* longe. Apenas sujeitos livres, tomados em massa, são governados. A liberdade individual não é algo que possamos empunhar contra o governo, visto que ela constitui, de fato, o mecanismo sobre o qual ele se apoia, aquele que ele regula o mais delicadamente possível com o intuito de obter, no conjunto de todas essas liberdades, o efeito de massa esperado. *Ordo ab chao*. O governo é essa ordem à qual obedecemos "da mesma forma que comemos quando temos fome, ou que nos cobrimos quando temos frio", é essa servidão que eu coproduzo no exato momento em que procuro minha felicidade, em que exerço minha "liberdade de expressão". "A liberdade do mercado necessita de uma política ativa e extremamente vigilante", especificava um dos fundadores do neoliberalismo. *Para o indivíduo, só há liberdade se ela for vigiada.* É o que os libertarianistas, em seu infantilismo, jamais compreenderão, e é esta incompreensão que gera atração pela idiotice libertarianista em determinados hackers. De um ser autenticamente livre, não se diz sequer que é livre. Ele apenas é, existe, move-se conforme seu ser. Só se diz de um animal que ele está *em liberdade* quando cresce

153 *Fuck off google*

num meio já de todo controlado, esquadrinhado, civilizado: no parque das regras humanas onde se dá o safari. *Friend* e *free*, em inglês, *Freund* e *frei*, em alemão, provêm da mesma raiz indo-europeia, que remete à ideia de uma potência de algo em comum que cresce. Ser livre e ter laços são uma e mesma coisa. Eu sou livre *porque tenho laços*, porque faço parte de uma realidade mais vasta do que eu. Na Roma antiga, os filhos dos cidadãos eram os *liberi*: por meio deles, Roma crescia. E isso significa dizer que a liberdade individual do "eu faço o que eu quero" é uma piadinha e uma mentira. Se os hackers de fato querem combater o governo, eles devem renunciar a esse fetiche. A causa da liberdade individual é o que ainda os impede de constituir grupos suficientemente fortes para desencadear, a partir daí, uma série de ataques, uma verdadeira estratégia; e é também o que gera a inaptidão deles em formar laços com outra coisa que não si próprios, a incapacidade deles de se tornar uma força histórica. Um membro do Telecomix previne seus colegas nestes termos: "O que é certo é que o território onde vocês vivem é defendido por pessoas que vocês fariam bem em conhecer. Porque elas estão mudando o mundo e não vão esperar por vocês."

Como cada novo encontro do Chaos Computer Club demonstra, um outro desafio, para o movimento hacker, é o de conseguir traçar uma linha de frente em seu próprio seio entre aqueles que trabalham por um governo melhor, quando não para *o* governo, e aqueles que trabalham para a sua destituição. Chegou a hora de *tomar partido*. É a essa questão primordial que Julian Assange alude quando diz: "Nós, os trabalhadores da alta tecnologia, somos uma classe, e já é hora de nos reconhecermos enquanto tal." Recentemente, a França explorou essa perversão a ponto de abrir uma universidade para formar "hackers éticos", supervisionada pela DCRI [Diretório nacional para segurança interna], a fim de formar pessoas para lutarem contra os verdadeiros hackers — aqueles que não renunciaram à ética hacker.

Esses dois problemas se conjugaram num caso que nos impressionou particularmente: o dos hackers do Anonymous/LulzSec que, após serem pegos depois de tantos ataques, que tantos de nós aplaudimos, se viram, como Jeremy Hammond, praticamente sós face à repressão ao serem presos. No Natal de 2011, o LulzSec *desfigurou* o site da Stratfor, uma multinacional de "segurança privada". Na página inicial, desfilava o texto d'*A insurreição que vem* em inglês, e setecentos mil dólares saíram das contas de clientes da Stratfor em direção a um conjunto de associações de caridade — presente de Natal. E nós não pudemos fazer nada, nem antes nem depois, para evitar suas prisões. Claro, quando se atacam alvos como esse, é mais seguro operar sozinho ou em pequenos grupos — o que obviamente não impede que haja infiltrados —, mas é catastrófico que ataques tão políticos, tão relevantes para ação mundial de nosso partido, possam ser transformados pela polícia em um crime privado qualquer, passível de décadas de prisão, ou serem utilizados como meio de pressão para transformar este ou aquele "pirata da internet" em agente governamental.

Istambul, junho de 2013

DESAPAREÇAMOS

I. UMA ESTRANHA DERROTA

Quem quer que tenha vivido em Atenas durante dezembro de 2008 sabe o que significa, numa metrópole ocidental, a palavra "insurreição". Os bancos estavam em pedaços, as delegacias de polícia cercadas, a cidade entregue aos assaltantes. Nas lojas de artigos de luxo desistiu-se de reparar as vitrines: seria preciso fazê-lo a cada manhã. Nada do que encarnava o reino policial da normalidade saiu incólume dessa onda de fogo e de pedras, cujos portadores estavam por todo o lado e os representantes em lado algum — até a árvore de Natal da praça Syntagma foi incendiada. Num dado momento, as forças da ordem se retiraram: já não tinham mais bombas de gás lacrimogêneo. É impossível dizer quem, então, é que tomou a rua. Diz-se que foi a "geração seiscentos euros", os "alunos do ensino médio", os "anarquistas", a "ralé" proveniente da imigração albanesa, diz-se tudo e mais alguma coisa. Como sempre, a imprensa incriminava os *koukoulophoroi*, os "encapuzados". Na verdade, os anarquistas tinham sido ultrapassados por essa onda de raiva sem rosto. O monopólio da ação selvagem e mascarada, da pichação inspirada e até do coquetel molotov havia sido roubado deles sem cerimônia. A revolta generalizada na qual já não ousavam sonhar estava ali, mas ela não se parecia em nada com a ideia que haviam construído. Tinha nascido uma entidade desconhecida, uma *egrégora*, que só acalmaria quando fosse reduzido a cinzas tudo o que tinha de o ser. O tempo ardia, fraturava-se o presente como pagamento por todo o futuro que nos haviam roubado.

Os anos que se seguiram na Grécia nos ensinaram o que significa, num país ocidental, a palavra "contrainsurreição". Passada a onda, os bandos que haviam se formado até nos menores vilarejos do país tentaram se manter fiéis à brecha que o mês de dezembro havia aberto. Aqui se esvaziam caixas de um supermercado e se filma a queima do saque; ali uma embaixada é atacada em plena luz do dia, em solidariedade a este ou àquele amigo importunado pela polícia de seu respectivo país. Alguns resolveram, a exemplo da Itália dos anos 1970, levar o ataque a um nível superior e visaram, com bombas ou armas de fogo, a Bolsa de Atenas, os policiais, os ministérios ou a sede da Microsoft. Como nos anos 1970, a esquerda promulgou novas leis "antiterroristas". As rusgas, as detenções, os processos-crime se multiplicaram. Por um tempo, ficamos reduzidos à luta contra "a repressão". A União Europeia, o Banco Mundial, o FMI, todos em acordo com o Governo socialista, tentaram *fazer* a Grécia *pagar* por essa imperdoável revolta. Nunca se deve subestimar o ressentimento dos ricos em relação à insolência dos pobres. Decidiu-se punir um país inteiro por meio de um pacote de medidas "econômicas" de uma violência praticamente igual, embora prolongada no tempo, à da revolta.

Dezenas de greves gerais, convocadas pelos sindicatos, responderam a isso. Trabalhadores ocuparam ministérios, moradores tomaram posse das prefeituras, departamentos de universidades e hospitais que haviam sido "sacrificados" decidiram se auto-organizar. E então houve o "movimento das praças". Em 5 de maio de 2010, éramos quinhentos mil a invadir o centro de Atenas. Tentou-se queimar o Parlamento várias vezes. Em 12 de fevereiro de 2012, uma enésima greve geral veio desesperadamente se opor ao enésimo plano de austeridade. Nesse domingo, foi a Grécia inteira, seus aposentados, seus anarquistas, seus funcionários, seus operários e seus sem-teto que vagaram pelas ruas, em estado de quase-levante. Quando o centro da cidade de Atenas estava de novo em chamas, atingiu-se, nessa noite, um paroxismo de júbilo e de esgotamento: o movimento vislumbrou toda a sua potência, mas também compreendeu que não sabia o que fazer com ela. Ao longo desses anos, apesar de milhares de atos de ação direta, das centenas de ocupações, dos milhões de gregos no meio da rua, a euforia da revolta se diluiu no cabaré da "crise". As brasas continuam, evidentemente, a crepitar por baixo das cinzas: o movimento encontrou outras formas, dotou-se de cooperativas, de centros sociais, de "redes de troca sem intermediários" e até de fábricas e de centros de cuidados médicos autogeridos; ele se tornou, em certo sentido, mais "construtivo". O que não impede que tenhamos sido derrotados, que uma das mais vastas ofensivas do nosso partido ao longo das últimas décadas tenha sido repelida a golpe de dívidas, de penas de prisão desmesuradas e da falência generalizada. Não serão os brechós gratuitos que farão os gregos esquecerem a determinação contrainsurrecional que os faz submergir até o pescoço *na necessidade*. O poder pôde vacilar e dar, por um instante, a sensação de ter evaporado: ele soube deslocar o terreno do confronto e apanhar o movimento desprevenido. Os gregos foram colocados face à chantagem "o Governo ou o caos"; eles tiveram o Governo *e* o caos. E a miséria como bônus.

Com seu movimento anarquista mais forte do que em qualquer outro lugar, com seu povo que obstinadamente resiste ao próprio fato de ser governado, com seu Estado sempre falido, a Grécia vale como estudo de caso das nossas revoluções falidas. Vencer a polícia, arrasar os bancos e derrotar temporariamente um Governo ainda não é destituí-lo. O que o caso grego nos ensina é que, sem uma ideia concreta do que seria uma vitória, só podemos ser derrotados. A determinação insurrecional não basta por si só; nossa confusão ainda é demasiado espessa. Que o estudo das nossas derrotas nos sirva, pelo menos, para a dissipar um pouco.

2. PACIFISTAS E RADICAIS — UM CASAL INFERNAL

Quarenta anos de contrarrevolução triunfante no Ocidente nos infligiram duas fraquezas irmãs, ambas igualmente nefastas, mas que juntas formam um dispositivo impiedoso: o pacifismo e o radicalismo.

O pacifismo engana e engana a si mesmo ao fazer da discussão pública e da assembleia o modelo acabado da política. É em virtude disso que um movimento como o das praças se vê incapaz de se tornar outra coisa que não um insuperável ponto de partida. Para compreender o que acontece com a política não há outra coisa a fazer senão desviar até a Grécia, mas desta vez até a antiga. Afinal de contas, foi ela que inventou a política. É algo que os pacifistas detestam lembrar, mas os gregos antigos inventaram a política de início como forma de continuar a guerra por outros meios. A prática da assembleia na escala da cidade provém diretamente da prática da assembleia dos guerreiros. A igualdade no uso da palavra decorre da igualdade diante da morte. A democracia ateniense é uma democracia hoplita. Ali, só se é cidadão porque *se* é soldado; daí a exclusão das mulheres e dos escravos. Numa cultura tão violentamente agonística como a cultura grega clássica, o debate vê a si mesmo como um momento de confronto guerreiro, agora entre cidadãos, na esfera da palavra, com as armas da persuasão. Aliás, "agon" significa tanto "assembleia" quanto "concurso". O cidadão grego completo é aquele que é vitorioso pelas armas como pelo discurso.

Sobretudo, os gregos antigos conceberam, no mesmo gesto, a democracia de assembleia e a guerra *como carnificina organizada*, e uma como garantia da outra. Aliás, a invenção da primeira só lhes é creditada na condição de ocultar seu elo com a invenção desse tipo tão excepcional de massacre que foi a guerra de falange — essa forma de guerra em linha que substitui a habilidade, a bravura, a proeza, a força singular, toda a manifestação de talento, pela disciplina pura e simples, a submissão absoluta de cada um ao todo. Quando os persas se viram diante dessa forma tão *eficaz* de conduzir a guerra, mas que reduz a vida do soldado da falange a nada, eles a consideraram, e com justiça, perfeitamente bárbara; da mesma maneira que fizeram, na sequência, tantos outros inimigos que ainda seriam esmagados pelos exércitos ocidentais. O camponês ateniense prestes a se fazer trucidar na primeira linha da falange de maneira heroica diante de

165 *Desapareçamos*

seus entes queridos é a outra face do cidadão ativo tomando parte na Bulé. Os braços sem vida dos cadáveres estirados nos campos de batalha da Antiguidade são a contrapartida necessária dos braços que se levantam para intervir nas deliberações da assembleia. Esse modelo grego de guerra está ancorado tão poderosamente no imaginário ocidental que quase se esquece que, no exato momento em que os hoplitas atribuíam o triunfo àquela falange que ao invés de ceder aceita um número máximo de mortos no choque decisivo contra outra, os chineses inventavam uma arte da guerra que consistia justamente em reduzir as perdas, em fugir tanto quanto possível do confronto, em procurar "ganhar a batalha antes da batalha" — mesmo que isso significasse exterminar o exército vencido, uma vez obtida a vitória. A equação "guerra = confronto armado = carnificina" nasce na Grécia antiga e chega até o século XX: no fundo, é a definição ocidental aberrante de guerra há dois mil e quinhentos anos. Que denominem "guerra irregular", "guerra psicológica", ou "guerrilha" o que em outros lugares é *a norma da guerra*, eis mais um aspecto dessa aberração.

O pacifista sincero, aquele que não está procurando apenas racionalizar sua própria covardia, comete a façanha de se enganar duas vezes sobre a natureza do fenômeno que pretende combater. Não só a guerra não é redutível ao confronto armado nem ao massacre, como ela é a própria matriz da política de assembleia que ele defende. "Um guerreiro de verdade", dizia Sun Tzu, "não é belicoso; um lutador de verdade não é violento; um vencedor evita o combate". Dois conflitos mundiais e uma aterradora luta planetária contra o "terrorismo" nos ensinaram que é em nome da paz que se desenrolam as mais sangrentas campanhas de extermínio. No fundo, a rejeição da guerra só exprime uma recusa infantil ou senil em admitir a existência da alteridade. A guerra não é a matança, mas sim a lógica que regula o contato de potências heterogêneas. Ela é travada por todos os lados, sob inúmeras formas, e na maioria das vezes por meios pacíficos. Se há uma multiplicidade de mundos, se há uma irredutível pluralidade de formas de vida, então a guerra é a lei de coexistência nesta terra. E nada permite pressagiar o resultado do encontro de contrários: eles não habitam mundos separados. Se nós não somos indivíduos unificados dotados de uma identidade definitiva como a polícia dos papéis sociais desejava, mas sim o lugar de um jogo conflitual de forças cujas configurações sucessivas desenham equilíbrios provisórios, temos que reconhecer que a guerra está em nós — a guerra santa, dizia René Daumal. A paz não é possível nem é desejável. O conflito é a própria matéria daquilo que se é. Resta adquirir uma arte de como conduzir isso, que é uma arte de viver situacionalmente, e que supõe delicadeza e mobilidade existencial mais do que vontade de esmagar aquilo que não somos.

O pacifismo atesta, assim, ou uma profunda burrice ou uma completa má-fé. Mesmo o nosso sistema imunológico se baseia na distinção entre amigo e inimigo, sem a qual morreríamos de câncer ou de qualquer outra doença autoimune. Aliás, nós morremos de câncer e de doenças autoimunes. A recusa tática do confronto é ela mesma uma astúcia de guerra. Compreendemos muito bem, por exemplo, por que é que a Comuna de Oaxaca se autoproclamou pacífica de imediato. Não se tratava de recusar a guerra, mas de recusar ser esmagado num confronto militar com o Estado mexicano e seus escudeiros. Como explicavam os camaradas do Cairo: "Não devemos confundir a tática que empregamos quando cantamos a 'não violência' com uma fetichização da não violência." De resto, quanta falsificação histórica é necessária para encontrar antepassados apresentáveis para o pacifismo! É como esse pobre Thoreau: foi só acabar de morrer que o transformaram num teórico de *A desobediência civil*, amputando o título de seu texto *Resistência ao governo civil*. Não tinha ele, no entanto, escrito com todas as letras em seu *Um apelo em prol do capitão John Brown*: "Acredito que finalmente os rifle e os revólveres Sharp foram utilizados por uma causa nobre. As ferramentas estavam nas mãos daqueles que podiam usá-las. A mesma cólera que outrora varreu o templo, irá varrê-lo de novo. A questão não é saber qual será a arma, mas o espírito com que ela é utilizada." Mas o mais hilariante em matéria de genealogia falaciosa é, certamente, a transformação de Nelson Mandela, o fundador da organização de luta armada do ANC [Congresso Nacional Africano], num ícone mundial da paz. Ele próprio conta: "disse que o tempo da resistência passiva tinha chegado ao fim, que a não violência era uma estratégia inútil e não poderia jamais derrubar um regime de minoria branca decidido a manter-se no poder a qualquer custo. Ao fim e ao cabo, disse eu, a violência era a única arma que destruiria o apartheid e devíamos estar preparados para, num futuro próximo, usar essa arma. A multidão ficou excitada; os jovens, em especial, batiam palmas e gritavam cheios de entusiasmo Estavam prontos a fazer o que eu dissesse, ali e naquele momento. Nessa altura, comecei a cantar uma canção de libertação, cuja letra dizia 'Eis os inimigos, vamos pegar nas nossas armas e atacá-los'. Cantei essa canção e a multidão acompanhou-me, e quando terminou a canção apontei para a polícia e disse: 'Ei-los, os nossos inimigos!'"

Décadas de pacificação das massas e de massificação dos medos fizeram do pacifismo a consciência política espontânea do *cidadão*. Cabe a cada movimento, agora, lidar com este estado de coisas desolador. Na praça Catalunya em 2011, por exemplo, vimos pacifistas entregando manifestantes vestidos de preto à polícia, assim como em Gênova em 2001 vimos alguns "Black Blocs" serem linchados. Em resposta, os meios revolucionários segregaram, como anticorpos, a figura do *radical* — aquele que procura o oposto do cidadão em todas as questões. Ao banimento moral da violência num, o outro responde com sua apologia puramente ideológica. Enquanto o pacifista procura se abster do curso do mundo, permanecendo bom e não cometendo nada de mau, o radical se abstém de qualquer participação no "existente" através de pequenas ilegalidades enfeitadas por "tomadas de posição" intransigentes. Ambos aspiram à pureza, um pela ação violenta, o outro abstendo-se dela. Cada um é o pesadelo do outro. Não se sabe se essas duas figuras subsistiriam por muito tempo se uma não tivesse a outra em seu interior. Como se o radical vivesse apenas para estremecer o pacifista que há nele próprio e vice-versa. Não é por acaso que a Bíblia das lutas cidadãs norte-americanas desde os anos 1970 se intitule *Rules for radicals*, de Saul Alinsky. É que os pacifistas e os radicais estão unidos numa mesma recusa do mundo. Eles *usufruem* de sua exterioridade em qualquer situação. Ela deixa eles chapados, faz com que sintam uma sensação de excelência indescritível. Preferem viver como extraterrestres — tal é o conforto autorizado, por algum tempo ainda, pela vida das metrópoles, seu biótopo privilegiado.

Desde a derrota dos anos 1970, a questão *moral* da radicalidade substituiu a questão *estratégica* da revolução de maneira imperceptível. O que significa que a revolução sofreu o destino de todas as coisas nestes decênios: foi privatizada. Transformou-se numa oportunidade de valorização pessoal, em que a radicalidade é o critério de avaliação. Os gestos "revolucionários" já não são apreciados a partir da situação em que se inscrevem, dos possíveis que aí abrem ou fecham. Em vez disso, extrai-se de cada um deles uma *forma*. Tal sabotagem, feita em tal momento, de tal maneira, por tal razão, torna-se apenas *uma* sabotagem. E a sabotagem, enquanto prática carimbada como revolucionária, vai sabiamente inscrever seu lugar numa escala, em que o coquetel molotov se situa acima do lançamento de pedras, mas abaixo do tiro nas pernas, que por sua vez não vale o mesmo que uma bomba. O drama é que nenhuma forma de ação é revolucionária em si mesma: a sabotagem foi praticada tanto por reformistas como por nazis. O grau de "violência" de um movimento não indica em nada sua determinação revolucionária. Não se mede a "radicalidade" de uma manifestação por meio do número de vitrines quebradas. Ou, se se mede, então há que se deixar o critério da "radicalidade" àqueles cuja preocupação é *medir* os fenômenos políticos, colocando-os em sua esquelética escala moral.

Quem quer que comece a frequentar os meios radicais se admira de início com o hiato que reina entre seus discursos e suas práticas, entre suas ambições e seu isolamento. Eles parecem como que condenados a uma espécie de autodestruição permanente. Não demora muito tempo para perceber que eles não estão ocupados em construir uma força revolucionária real, mas em alimentar uma corrida de radicalidade que satisfaz a si própria — e que se desenrola indiferentemente no terreno da ação direta, do feminismo ou da ecologia. O pequeno terror que aí reina e que torna o mundo todo tão *duro* não é o do partido bolchevique. É antes o da moda, esse terror que ninguém exerce pessoalmente, mas que se aplica a todos. Teme-se, nesses meios, deixar de ser radical, como do outro lado se teme deixar de estar na moda, de ser *cool* ou *hipster*. Precisa-se de pouco para manchar uma reputação. Evita-se ir à raiz das coisas em proveito de um consumo superficial de teorias, de manifestações e de relações. A competição feroz entre grupos, como também entre si, determina uma implosão periódica. Há sempre carne fresca, jovem e iludida para compensar a partida dos esgotados, dos traumatizados, dos enojados, dos *esvaziados*. Uma vertigem assalta a posteriori aquele que desertou desses círculos: como é que pudemos nos submeter a uma pressão tão mutiladora

173   *Desapareçamos*

por questões tão enigmáticas? É o gênero de vertigem que deve tomar qualquer ex-executivo esgotado que virou padeiro ao se lembrar de sua vida pregressa. O isolamento desses meios é estrutural: entre eles e o mundo, a radicalidade foi interposta como padrão; já não percebem mais os fenômenos, apenas sua medida. Num determinado ponto de autofagia, vão competir por radicalidade *através da crítica do próprio meio*; o que em nada fere sua estrutura. "Parece-nos que o que realmente suprime a liberdade", escrevia Malatesta, "e torna impossível a iniciativa, é o isolamento que produz a impotência".[1] Desse modo, que uma fração de anarquistas se autoproclame "niilista" é de todo lógico: o niilismo é a impotência de acreditar naquilo em que no entanto se acredita — no caso, na revolução. Donde não há niilistas, há apenas impotentes.

Ao se definir como produtor de ações e de discursos radicais, o radical acabou por forjar uma ideia puramente quantitativa da revolução — como uma espécie de crise de superprodução de atos de revolta individual. "Não percamos de vista", escrevia Émile

1. Errico Malatesta, *Escritos revolucionários*. Trad. bras. de Plinio Augusto Coêlho. São Paulo: Hedra, 2015.

Henry, "que a revolução será a resultante de todas essas revoltas particulares". A história está aí para desmentir essa tese: seja a revolução francesa, russa ou tunisiana, todas as vezes a revolução é a resultante do choque entre a situação geral e um ato particular — a invasão de uma prisão, uma derrota militar, o suicídio de um vendedor ambulante de fruta —, e não a soma aritmética de atos de revolta separados. Essa definição absurda de revolução está provocando seus danos previsíveis: esgotamo-nos num ativismo que não se enraíza em nada, entregamo-nos a um culto mortífero da performance, no qual se trata de atualizar a todo o momento, aqui e agora, a identidade radical — seja nas manifestações, no amor ou no discurso. Isso dura um tempo — o tempo de *burnout*, de depressão ou de repressão. Sem que ninguém tenha mudado nada.

Se uma acumulação de gestos não chega a construir uma estratégia, é porque gestos não existem em absoluto. Um gesto é revolucionário não por seu conteúdo próprio, mas pelo encadeamento de efeitos que engendra. Não é a intenção dos autores, mas sim a situação que determina o sentido de um ato. Sun Tzu dizia que "é preciso exigir a vitória à situação".

Todas as situações são compósitas, atravessadas por linhas de força, por tensões, por conflitos explícitos ou latentes. Assumir a guerra *que está aqui*, agir estrategicamente pressupõe que se parta de uma abertura à situação, da compreensão de sua interioridade, do domínio das relações de força que a configuram, das polaridades que a trabalham. É pelo sentido que adquire no contato com o mundo que uma ação é ou não revolucionária. Atirar uma pedra nunca é apenas "atirar uma pedra". É algo que pode congelar uma situação ou desencadear uma intifada. A ideia de que se poderia "radicalizar" uma luta pela importação de toda a tralha de práticas e discursos considerados radicais configura uma política de um extraterrestre. Um movimento só vive pela série de deslocamentos que opera ao longo do tempo. Ele é a todo o momento, portanto, certa distância entre o seu estado e o seu potencial. Se ele para de se deslocar, se ele abandona seu potencial por realizar, ele morre. O gesto decisivo é aquele que se encontra um passo à frente do estado do movimento e que, rompendo com o *status quo*, abre o acesso a seu próprio potencial. Esse gesto pode ser o de ocupar, de esmagar, de atacar, ou apenas o gesto de falar com verdade; é o estado do movimento que decide. É revolucionário aquilo que efetivamente causa *uma revolução*. Se isso é algo que não pode ser determinado antes dos fatos, certa sensibilidade às situações, junto a algum conhecimento histórico, ajuda muito a intuir.

Deixemos a preocupação com a radicalidade aos depressivos, aos jovenzinhos[2] e aos perdedores. A verdadeira questão, para os revolucionários, é fazer crescer as potências vivas das quais participam, de cuidar dos *devires*-revolucionários com o propósito de chegar enfim a uma *situação* revolucionária. Todos aqueles que se deleitam ao opor de maneira dogmática os "radicais" aos "cidadãos", os "revoltados em ação" à população passiva, criam barreiras a tais devires. Nesse ponto, eles antecipam o trabalho da polícia. Atualmente, é preciso considerar o *tato* como a virtude revolucionária primordial, e não a radicalidade abstrata; e por "tato" entendemos aqui a arte de cuidar de devires-revolucionários.

2. No original, *jeunes-filles*, literalmente, "raparigas". No livro de autoria de Tiqqun, *La théorie de la Jeune-Fille* (Paris: Mille et une Nuits, 2001), a rapariga em questão é uma alusão à mulher-mercadoria, objeto de consumo, que vive na aflição de não ser comprada, encarnando a própria reificação. [N.E.]

Entre os milagres da manifestação no Vale de Susa, é preciso incluir o fato de ela ter arrancado um bom número de radicais da identidade que eles tão penosamente tinham forjado. Ela os fez voltar à terra. Ao retomar o contato com uma situação real, eles conseguiram deixar para trás boa parte de seu escafandro ideológico, atraindo, claro, o ressentimento inesgotável daqueles que permaneceram confinados nessa radicalidade intersideral na qual mal se consegue respirar. Isso certamente se deve à arte especial que essa luta soube desenvolver para evitar ser capturada na imagem que o poder lhe atribuía para melhor delimitá-la — seja como um movimento ecológico de cidadãos legalistas ou como uma vanguarda de violência armada. Alternando manifestações em família com ataques ao canteiro de obras do TAV, recorrendo tanto à sabotagem quanto aos prefeitos do vale, associando anarquistas e vovozinhas católicas, eis uma luta que ao menos isto tem de revolucionário, de ter sabido desativar o par infernal de pacifismo e radicalismo. "Viver de maneira política", resumia um dândi stalinista antes de morrer, "é agir em vez de ser agido, é fazer política em vez de ser feito e refeito por ela. É conduzir um combate, uma série de combates, fazer uma guerra, sua própria guerra com objetivos de guerra, com perspectivas próximas e longínquas, uma estratégia, uma tática".

3. O GOVERNO COMO CONTRAINSURREIÇÃO

"A guerra civil", dizia Foucault, "é a matriz de todas as lutas pelo poder, de todas as estratégias do poder e, por conseguinte, também a matriz de todas as lutas a propósito do poder e contra ele". Ele acrescentava: "a guerra civil não só põe em cena elementos coletivos, como também os constitui. Longe de ser o processo por meio do qual se desce de volta da república à individualidade, do soberano ao estado de natureza, da ordem coletiva à guerra de todos contra todos, a guerra civil é o processo através do qual e pelo qual se constituem diversas coletividades novas, que não tinham vindo à tona até então."[3] É nesse plano de percepção que se desenrola, no fundo, toda e qualquer atividade governamental. O pacifismo que já perdeu e o

3. Michel Foucault, *La société punitive*. Paris: Seuil, 2013 [Ed. bras.: *A sociedade punitiva*, trad. de Ivone C. Benedetti. São Paulo: WMF Martins Fontes, 2015, pp. 13 e 27].

radicalismo que apenas deseja perder são duas formas de não perceber isso. De não perceber que a guerra, no fundo, não tem nada de militar. Que a vida é essencialmente estratégica. A ironia da época faz com que os únicos a situarem a guerra no lugar onde ela se trava, isto é, no plano em que todo o governo opera, sejam os próprios contrarrevolucionários. É impressionante notar como no último meio século os não militares começaram a rejeitar a guerra sob todas as suas formas, e isso ao mesmo tempo que os militares desenvolviam um conceito não militar, *civil*, de guerra.

Alguns exemplos retirados, ao acaso, de textos contemporâneos:

> O lugar do conflito armado coletivo progressivamente se dilatou do campo de batalha para a Terra inteira. Da mesma forma, sua duração se estende agora ao infinito, sem declaração de guerra nem armistício. [...] É por esse motivo que os estrategistas contemporâneos destacam que a vitória moderna provém mais da conquista dos corações dos membros de uma população do que de seu território. É necessário suscitar a submissão pela adesão e a adesão pela estima. Trata-se, de fato, de se impor no interior de cada um, aí onde se estabelece, a partir de

agora, o contato social entre coletividades humanas. Desnudadas pela mundialização, contatadas pela globalização e penetradas pela telecomunicação, é no foro íntimo de cada um dos membros que as compõem que agora se situa o front. [...] Essa fábrica de partidários passivos pode ser resumida por uma frase deste tipo: "O front em cada um, e ninguém mais em cada front." [...] Todos os desafios político-estratégicos de um mundo, nem em guerra nem em paz, que aniquila de maneira regrada os conflitos pelas vias clássicas militares e jurídicas, consistem em impedir os partidários passivos à beira da ação, no limiar da beligerância, de se tornarem partidários ativos. (Laurent Danet, "La polémosphère" in *Sécurité globale*, nº 10, 2009-2010)

Hoje em dia, quando o terreno da guerra ultrapassou os domínios terrestre, marítimo, aéreo, espacial e eletrônico para se estender aos domínios da sociedade, da política, da economia, da diplomacia, da cultura e mesmo da psicologia, a interação entre os diferentes fatores torna muito difícil a preponderância do domínio militar enquanto domínio dominante em todas as guerras. A ideia de que a guerra possa se desenrolar em domínios não guerreiros é muito estranha à razão e difícil de admitir, mas os acontecimentos mostram cada vez mais que essa é a tendência. [...] Nesse sentido, já não existe domínio da vida que não possa servir à guerra, e quase já não existem domínios que não apresentem o aspecto ofensivo da guerra. (Qiao Liang e Wang Xiangsui, *La guerre hors limite*, 2003)

A guerra provável não se faz "entre" as sociedades, ela se faz "nas" sociedades [...]. Porque o objetivo é a sociedade humana, seu governo, seu contrato social, e não mais esta ou aquela província, este rio ou aquela fronteira. Já não se trata de linhas ou de terreno a conquistar, a proteger. O único front que deve manter as forças empenhadas é o das populações. [...] Ganhar a guerra é controlar o meio [...]. Já não se trata de avistar massas de tanques e localizar alvos potenciais, mas de compreender os meios sociais, os comportamentos, as psicologias. Trata-se de influenciar as vontades humanas por meio da aplicação seletiva e proporcional da força. [...] As ações militares são realmente "uma forma de falar"; qualquer operação de envergadura é agora, acima de tudo, uma operação de comunicação em que todos os atos, mesmo os mais insignificantes, falam mais alto do que as palavras. [...] Conduzir a guerra é antes de mais nada gerir percepções, as do conjunto de atores, próximos ou longínquos, diretos ou indiretos. (Vincent Desportes, *La guerre probable*, 2007)

As sociedades pós-modernas desenvolvidas se tornaram extremamente complexas e, logo, muito frágeis. Para prevenir seu desmoronamento em caso de "pane", a descentralização se tornou fundamental (a salvação vem das margens e não das instituições). [...] Será imperativo se apoiar em forças locais (milícias de autodefesa, grupos paramilitares, empresas militares privadas), primeiro, de um ponto de vista prático, por causa de seu conhecimento do meio e das populações; segundo, porque, por parte do Estado, é um sinal de confiança que federa as diferentes iniciativas e as reforça; e, por último, sobretudo porque elas estão mais aptas a encontrar soluções apropriadas e originais (não convencionais) para situações delicadas. Em outras palavras, a resposta dada pela guerra não convencional deve antes de tudo ser cidadã e paramilitar, mais do que policial e militar. [...] Se o Hezbollah se tornou um ator internacional de primeira ordem, se o movimento neozapatista consegue representar uma alternativa à globalização neoliberal, então é forçoso admitir que o "local" pode interagir com o "global" e que essa interação é exatamente uma das características estratégicas

> mais importantes do nosso tempo. [...] Resumindo, a
> uma interação local-global, é necessário poder respon-
> der com outra interação do mesmo tipo que se apoie não
> no aparelho estatal clássico (diplomacia, exército), mas
> no elemento local por excelência — o cidadão. (Bernard
> Wicht, "Vers l'ordre oblique: la contre-guérrilla à l'âge de
> l'infoguerre" in *Stratégies irrégulières*, 2010)

Após ler isso, é possível ver de maneira diferente o papel das milícias de cidadãos-varredores e dos apelos
à delação na sequência das revoltas de agosto de 2011
na Inglaterra, ou a introdução — seguida da eliminação oportuna quando "o pit bull se tornou demasiado
corpulento" — dos fascistas da Aurora Dourada no
tabuleiro político grego. Para não falar do recente armamento das milícias populares por parte do Estado
federal mexicano em Michoacán. O que está aconte-
cendo atualmente se resume mais ou menos assim: *a
contrainsurreição, de doutrina militar, tornou-se princípio de governo*. Um dos telegramas da diplomacia norte-americana revelados pelo WikiLeaks atesta-o de
maneira crua: "O programa de pacificação das favelas
retoma algumas das características da doutrina da estratégia de contrainsurreição dos Estados Unidos no

Afeganistão e no Iraque." Nossa época se reduz, em última instância, a essa luta, a essa corrida entre a possibilidade de insurreição e os partidários da contrainsurreição. De resto, foi isso o que a rara crise de tagarelice política desencadeada no Ocidente pelas "revoluções árabes" teve como função mascarar. Mascarar, por exemplo, que o corte de todas as formas de comunicação nos bairros populares, como Mubarak fez no início da revolta, não provinha de um capricho de um ditador desamparado, mas da estrita aplicação do relatório da Otan, *Urban operation in the year 2020*.

Não há um governo mundial; o que há é uma rede mundial de dispositivos locais de governo, isto é, um aparelho mundial, reticular, de contrainsurreição. As revelações de Snowden são sua ampla comprovação: serviços secretos, multinacionais e redes políticas cooperam sem vergonha, mesmo para além do nível estatal, com o qual, aliás, ninguém se importa. E não há, nessas circunstâncias, nem centro nem periferia, nem segurança interna nem operações exteriores. O que se experimenta sobre povos longínquos é, cedo ou tarde, o destino reservado a seu próprio povo: as tropas que massacraram o proletariado parisiense em junho de 1848 tinham adquirido prática na "guerra das ruas",

185 *Desapareçamos*

nas razias e nas *enfumades* na Argélia em processo de colonização. As tropas de montanha do exército italiano, recém retornadas do Afeganistão, são colocados no Vale de Susa. No Ocidente, a utilização de forças armadas em território nacional em caso de desordem importante nem mesmo é tabu, é um cenário padrão. Das crises sanitárias aos atentados terroristas iminentes, as mentes foram metodicamente preparadas. Por todo o lado se treinam combates urbanos, a "pacificação" e a "estabilização pós-conflito": está tudo pronto para as próximas insurreições.

É preciso ler as doutrinas contrainsurrecionais, então, como teorias de guerra dirigidas contra nós, e que tecem, entre outras coisas, nossa situação comum nesta época. É preciso entendê-las, quer como um salto qualitativo no conceito de guerra, aquém do qual não podemos ficar, quer como um espelho enganador. Se as doutrinas de guerra contrarrevolucionária se modelaram a partir de sucessivas doutrinas revolucionárias, não podemos deduzir negativamente, contudo, uma teoria de insurreição a partir de teorias contrainsurrecionais. Eis a armadilha lógica. Não basta que mantenhamos uma guerra latente, que ataquemos de surpresa, que derrubemos todos os alvos do adversário. Até essa assimetria foi reabsorvida. Em matéria de guerra, como de estratégia, não basta recuperar o atraso: é necessário tomar a dianteira. Precisamos de um plano que vise não o adversário, mas a sua estratégia, que a volte contra ele. De tal maneira que, quanto mais acredita estar vencendo, mais rápido ele está caminhando para sua derrota.

Que a contrainsurreição tenha feito da própria sociedade seu teatro de operações não significa de modo nenhum que a guerra por fazer seja a "guerra social", com a qual se deleitam alguns anarquistas. O principal defeito dessa noção, ao combinar na mesma rubrica a ofensiva conduzida "pelo Estado e o Capital" e aquela de seus adversários, é colocar os subversivos numa relação de guerra simétrica. A vitrine quebrada de um escritório da Air France em represália pela expulsão de imigrantes ilegais é declarada como "ato de guerra social" de modo idêntico a uma onda de prisões contra aqueles que lutam contra os centros de detenção. Se é preciso reconhecer uma inegável determinação em muitos dos adeptos da "guerra social", deve-se também reconhecer que eles aceitam combater o Estado face a face num terreno — o "social" — que nunca foi outra coisa senão o terreno do Estado.

Apenas as forças em presença aqui são assimétricas. O esmagamento é inevitável.

A ideia de guerra social, na verdade, não é mais do que uma atualização falha da ideia de "guerra de classes", agora que a posição de cada um no seio das relações de produção já não tem a clareza formal da fábrica fordista. Por vezes, parece que os revolucionários estão condenados a se constituir sobre o mesmo modelo daquilo que combatem. Dessa forma, como resumia em 1871 um membro da Associação Internacional dos Trabalhadores, uma vez que os patrões estavam mundialmente organizados como classe em torno de seus interesses, o proletariado deveria mundialmente se organizar como classe operária em torno de seus interesses. De acordo com um membro do jovem partido bolchevique, como o regime czarista estava organizado num aparelho político-militar disciplinado e hierárquico, o partido deveria, também ele, organizar-se como aparelho político-militar disciplinado e hierárquico. Pode-se multiplicar os exemplos históricos, todos igualmente trágicos, dessa *maldição da simetria*. Como o da FLN [Frente de libertação nacional] argelina, que esperava vencer utilizando os mesmos métodos dos colonizadores que combatia. Ou das Brigadas Vermelhas, que imaginavam que seria suficiente abater os cinquenta homens que, em seu entender, constituíam o "coração do Estado" para conseguir se apoderar integralmente do aparelho. Hoje em dia, a expressão mais errônea dessa tragédia da simetria sai das velhas bocas da nova esquerda: seria preciso opor ao Império difuso, estruturado em rede, mas mesmo assim dotado de centros de comando, multidões também elas difusas, estruturadas em rede, mas mesmo assim dotadas de uma burocracia pronta a, chegado o dia, ocupar os centros de comando.

Marcada por tal simetria, a única coisa que a revolta pode é falhar — não só porque oferece um alvo fácil, uma cara *reconhecível*, mas sobretudo porque acaba por tomar os traços de seu adversário. Para nos convencermos, basta abrir, por exemplo, as páginas de *Contre-insurrection, théorie et pratique*, de David Galula. É possível ver aí, metodicamente detalhadas, as etapas da vitória definitiva de uma força lealista sobre insurgentes quaisquer. "Do ponto de vista do insurgente, a melhor causa é por definição aquela que pode atrair o maior número de apoios e dissuadir o mínimo de opositores. [...] Não é de todo

189 *Desapareçamos*

necessário que o problema seja gritante, embora o trabalho do insurgente esteja facilitado se esse for o caso. Se o problema é apenas latente, a primeira coisa a fazer para o insurgente é torná-lo gritante por meio da 'elevação da consciência política das massas'. [...] O insurgente não deve se limitar à exploração de uma causa única. A menos que disponha de uma causa global como o anticolonialismo, suficiente por si só, uma vez que combina os problemas políticos, sociais, econômicos, raciais, religiosos e culturais, ele tem tudo a ganhar ao escolher um sortido de causas especialmente adaptadas aos diferentes grupos que compõem a sociedade de que ele procura se apropriar".

Quem é o "insurgente" de Galula? Nada mais do que o reflexo deformado do político, do funcionário ou do publicitário ocidental: cínico, exterior a qualquer situação, desprovido de qualquer desejo sincero, a não ser de uma sede desmedida de domínio. O insurgente que Galula *sabe* combater é estranho ao mundo como é estranho a qualquer fé. Para esse oficial, a insurreição nunca emana da população que, feitas as contas, só aspira à segurança e tende a seguir o partido que melhor a proteja ou que menos a ameace. A população não é mais do que um peão, uma massa inerte, um *pântano* na luta entre várias elites. Pode parecer surpreendente que a compreensão que o poder tem do insurgente ainda oscile entre a imagem do fanático e a do hábil lobista — mas isso não surpreende menos do que a pressa de tantos revolucionários em vestir essas máscaras ingratas. Sempre essa mesma compreensão simétrica da guerra, ainda que "assimétrica" — grupelhos que se opõem ao controle da população e que sempre mantêm com esta uma relação de exterioridade. Está aí, a prazo, o erro monumental da contrainsurreição: ela, que tão bem soube reabsorver a assimetria introduzida pelas táticas de guerrilha, continua todavia a produzir uma figura do "terrorista" *a partir do que ela própria é*. Aí está então nossa vantagem, porquanto nos recusamos a encarnar essa figura. É o que qualquer estratégia revolucionária eficaz deverá admitir como ponto de partida. É o que revela o fracasso da estratégia norte--americana no Iraque e no Afeganistão. A contrainsurreição conseguiu revirar tão bem a "população", que a administração Obama deve, diária e cirurgicamente, assassinar todos aqueles que, no entender de um drone, possam parecer um insurgente.

4. ASSIMETRIA ONTOLÓGICA E FELICIDADE

A guerra que os insurgentes conduzem contra o governo é assimétrica porque entre ambos há uma assimetria *ontológica* e, logo, um desacordo sobre a própria definição de guerra, sobre seus métodos e objetivos. Nós, revolucionários, somos ao mesmo tempo o desafio e o alvo da ofensiva permanente em que se transformou o governo. Nós *somos* "os corações e as mentes" que é preciso conquistar. Nós *somos* a multidão que se pretende "controlar". Nós *somos* o meio no qual os agentes governamentais evoluem e o qual eles pretendem subjugar, e não uma entidade rival na corrida pelo poder. Nós não lutamos em meio ao povo "como peixe na água"; nós somos a própria água na qual estrebucham nossos inimigos — peixe solúvel. Nós não nos escondemos emboscados na plebe deste mundo, visto que é também em nós que a plebe se esconde. A vitalidade e a espoliação, a raiva e a astúcia, a verdade e a dissimulação, é das profundezas de nós mesmos que elas brotam. Não há *ninguém* para organizar. Nós somos esse material que cresce desde o interior, que se organiza e se desenvolve. Aí reside a verdadeira assimetria e nossa real posição de força. Aqueles que, ao invés de se constituírem com o que existe ali mesmo onde se encontram, fazem de sua fé, pelo terror ou pela performance, um artigo de exportação, não fazem mais do que se separar de si próprios e de sua base. Não há que roubar do inimigo qualquer "apoio da população", nem mesmo sua passividade complacente: é preciso fazer de modo a *não haver mais população*. A população nunca foi *objeto* do governo sem antes ser seu *produto*; ela deixa de existir como tal tão logo deixe de ser governável. É o grande desafio da batalha surda que brota após qualquer revolta: dissolver a potência que ali se encontrou, condensou e movimentou. Governar nunca foi outra coisa senão negar ao povo qualquer capacidade política, ou seja, senão prevenir a insurreição.

Separar os governados de sua potência de ação política é o que a polícia faz a cada vez que, na sequência de uma bela manifestação, tenta "isolar os violentos". Para esmagar uma insurreição, nada mais eficaz do que provocar uma cisão no seio do povo insurgente, entre a população inocente ou vagamente concordante e a sua vanguarda militarizada, necessariamente minoritária, o mais das vezes clandestina, em breve "terrorista". É a Frank Kitson, o padrinho da contrainsurreição inglesa, que devemos o exemplo mais acabado de tal tática. Nos anos que se seguiram à deflagração inaudita que atingiu a Irlanda do Norte em agosto de 1969, a grande força do IRA residiu na reunião com os bairros católicos que se tinham declarado autônomos e que tinham pedido ajuda, em Belfast e em Derry, durante as rebeliões. Free Derry, Short Strand, Ardoyne: três dessas *no-go areas,* locais que tantas vezes se vê em terras de apartheid e que ainda hoje estão cercados por quilômetros de *peace lines.* Os guetos tinham feito a revolta, tinham barricado suas entradas, fechadas a partir de então para policiais e lealistas. Jovens de quinze anos alternavam manhãs na escola e noites nas barricadas. Os membros mais respeitáveis da comunidade faziam compras por dez e organizavam mercearias clandestinas para aqueles que já não podiam se deslocar de forma inocente. Mesmo que tenha sido pego de surpresa pelos acontecimentos do verão, o IRA provisório se fundiu no tecido ético extremamente denso desses enclaves em estado de insurreição permanente. A partir dessa posição de força irredutível, tudo parecia possível. O ano da vitória seria 1972.

Pega ligeiramente desprevenida, a contrainsurreição empregou todos os meios possíveis: após uma operação militar sem equivalente na Grã-Bretanha desde a crise do Suez, os bairros foram esvaziados, e os enclaves, desfeitos, separando de forma efetiva os revolucionários "profissionais" das populações amotinadas que tinham se rebelado em 1969, arrancando-os das centenas de cumplicidades que ali haviam se tecido. Através dessa manobra, o IRA provisório foi reduzido a não mais do que uma fração armada, um grupo paramilitar, claro que impressionante e determinado, mas condenado ao esgotamento, ao aprisionamento sem julgamento e às execuções sumárias. A tática da repressão consistiu em *dar existência* a um sujeito revolucionário radical, em separá-lo de tudo o que fazia dele uma força viva da comunidade católica: uma ancoragem territorial, uma vida cotidiana, uma juventude. E como se isso não bastasse, ainda foram organizados falsos atentados do IRA para que uma população paralisada se virasse contra ele. De *counter gangs* às *false flag operations*, nada era descartado para transformar o IRA num monstro clandestino, territorial e politicamente desligado daquilo que constituía a força do movimento republicano:

195 *Desapareçamos*

os bairros, seu sentido de improvisação e de organização, sua rotina de rebeliões. Uma vez isolados os "paramilitares" e banalizadas as mil medidas de exceção para enfraquecê-los, bastava esperar que os "desacatos" se dissipassem por si mesmos.

Quando a mais cega das repressões se abate sobre nós, evitemos ver nisso a prova conclusiva de nossa radicalidade. Não pensemos que tentam nos *destruir*. Falemos antes da hipótese de que tentam nos *produzir*. Produzir-nos enquanto sujeito político, enquanto "anarquistas", enquanto "Black Bloc", enquanto "antissistema", de modo a nos extrair da população genérica, a nos *fixar* numa identidade política. Quando a repressão nos atinge, comecemos por *não nos tomar por nós próprios*, dissolvamos o sujeito-terrorista fantasmático que os teóricos da contrainsurreição procuram com tanto afinco imitar; sujeito cuja exposição serve sobretudo para produzir, a contragolpe, a "população" — a população enquanto amontoado apático e apolítico, massa imatura útil apenas para ser governada por meio da satisfação de seus estados de espírito e de seus sonhos de consumo.

Os revolucionários não têm que converter a "população" a partir da exterioridade oca de um "projeto de sociedade" qualquer. Eles devem antes partir de sua própria presença, dos lugares que habitam, dos territórios que lhes são familiares, dos laços que os unem ao que acontece em sua volta. É da vida que emana a identificação do inimigo, as estratégias e as táticas eficazes, e não de uma profissão de fé prévia. *A lógica do crescimento em potência é tudo o que podemos opor à tomada do poder.* Habitar plenamente é tudo o que podemos opor ao paradigma do governo. Podemos nos lançar contra o aparelho de Estado; mas se o terreno conquistado não for imediatamente preenchido por uma nova vida, o governo acabará por tomá-lo de volta. Raul Zibechi escreve sobre a insurreição aimara de El Alto na Bolívia, em 2003: "Ações dessa envergadura não poderiam ser conduzidas sem a existência de uma densa rede de relações entre as pessoas, relações que são, elas próprias, formas de organização. O problema é que não estamos dispostos a considerar que as relações de vizinhança, de amizade, de camaradagem, de família, que se forjam na vida cotidiana, são organizações do mesmo nível que o sindicato, o partido ou mesmo o Estado. [...] Na cultura ocidental, as relações criadas por contrato, codificadas através de acordos formais, são muitas vezes mais importantes do que as lealdades tecidas por laços afetivos." Devemos conceder aos detalhes mais cotidianos, mais ínfimos de nossa vida comum, a mesma atenção que concedemos à revolução. Pois a insurreição é o deslocamento num terreno ofensivo dessa organização que não é apenas uma, e que é inseparável da vida comum. Ela é um salto qualitativo no seio do elemento ético e não a ruptura por fim consumada com o cotidiano. Zibechi continua da seguinte forma: "Os órgãos que apoiam a revolta são os mesmos que apoiam a vida coletiva cotidiana (as assembleias de bairro nos conselhos de bairro de El Alto). A rotatividade e a obrigação que regulam a vida cotidiana, regulam também o bloqueio das estradas e das ruas." Assim se dissolve a estéril distinção entre espontaneidade e organização. Não há uma esfera pré-política, irrefletida, "espontânea" da existência um lado e uma esfera política, racional, organizada, de outro. Quem tem relações de merda só pode desenvolver uma política de merda.

Isso não significa que para conduzir uma ofensiva vitoriosa seja necessário banir toda e qualquer disposição para o conflito entre nós — para o conflito, não para a idiotice ou para as intrigas. É em grande parte por nunca ter impedido as diferenças de posição em seu seio — livres de se enfrentarem abertamente — que a resistência palestina conseguiu fazer com que o exército israelense sentisse sua autoridade. Aqui como em outros lugares, a fragmentação política é tanto sinal de uma inegável vitalidade ética, como o pesadelo dos serviços de informação encarregados de cartografar, e depois abater, a resistência. Um arquiteto israelense escreveu o seguinte: "Os métodos de combate israelenses e palestinos são fundamentalmente diferentes. A resistência palestina fragmenta-se numa multidão de organizações, cada uma dotada de um braço armado mais ou menos independente — as brigadas Ezzedine al-Qassam para o Hamas, as brigadas Saraya al-Quds para a Jihad Islâmica, as brigadas dos mártires de Al-Aqsa, a Força 17 e a Tanzim al-Fatah para a Fatah. Às quais se juntam os Comitês de Resistência Popular [CRP] independentes e os membros supostos ou reais do Hezbollah e/ou da Al-Qaeda. A instabilidade das relações que estes grupos mantêm, oscilando entre cooperação, rivalidades e conflitos violentos, torna suas interações muito mais difíceis de cercar, aumentando por sua vez sua capacidade, sua eficácia e sua resiliência coletivas. A natureza difusa da resistência palestina, cujas diferentes organizações partilham saberes, competências e munições — tão depressa organizando operações conjuntas bem como se entregando a uma concorrência selvagem — limita de modo considerável o efeito dos ataques conduzidos pelas forças de ocupação israelenses." Assumir o conflito interno quando este se apresenta em nada entrava a elaboração concreta de uma estratégia insurrecional. Mas se nós aceitamos a guerra civil, *inclusive entre nós*, não é somente porque isso constitui uma boa estratégia em si para derrotar as ofensivas imperiais. É também, e sobretudo, porque ela é compatível com a ideia que temos da vida. De fato, se ser revolucionário implica o compromisso com algumas verdades, decorre da irredutível pluralidade destas que nosso partido nunca conhecerá uma unidade pacífica. Em matéria de organização, não é então necessário escolher entre a paz fraternal e a guerra fratricida. Há de se escolher entre as formas de confronto interno que reforçam as revoluções e as que as entravam.

À questão "qual é a sua ideia de felicidade?", Marx respondia: "combater." À questão "porque é que vocês combatem?", nós respondemos que isso se deve à nossa ideia de felicidade.

Creta, 2006

NOSSA ÚNICA PÁTRIA: A INFÂNCIA

I. NÃO HÁ "SOCIEDADE" A SER DEFENDIDA OU
DESTRUÍDA

Em 5 de maio de 2010, Atenas viveu uma de suas jornadas de greve geral em que todos foram para as ruas. O ambiente era primaveril e combativo. Sindicalistas, maoistas, anarquistas, funcionários públicos e aposentados, jovens e imigrantes, o centro da cidade estava literalmente submerso em manifestantes. O país descobria, com uma raiva ainda mal contida, os inacreditáveis memorandos da Troika. O Parlamento, que estava em vias de votar um novo pacote de medidas de "austeridade", por pouco não foi invadido. Na falta disso, foi o Ministério da Economia que cedeu e que começou a arder. Praticamente em toda parte dos percursos, as calçadas eram arrancadas, os bancos estraçalhados, havia confrontos com a polícia, a qual não economiza nas bombas de efeito moral nem nos terríveis gases lacrimogêneos importados de Israel. Os anarquistas lançavam ritualmente seus coquetéis molotov e, coisa menos habitual, eram aplaudidos pela multidão. O clássico "policiais, porcos, assassinos" era entoado junto a gritos de "queimemos o Parlamento!", "Governo, assassino!". Aquilo que parece ser um início de rebelião vai parar no início da tarde, abatido em pleno voo por um decreto governamental. Alguns anarquistas, depois de terem tentado incendiar a livraria Ianos na rua Stadiou, atearam fogo a um banco que não tinha respeitado a proclamação de greve geral; havia empregados no interior. Três deles morreram asfixiados, entre os quais uma mulher grávida. Não se explicou, naquele momento, que a direção do banco tinha ela própria bloqueado as saídas de emergência. Os acontecimentos do Marfin Bank terão sobre o movimento anarquista grego o efeito de reviravolta. O movimento, e não mais o Governo, se encontrava no papel de assassino. A fissura entre os "anarquistas sociais" e os "anarquistas niilistas" que vinha crescendo desde dezembro de 2008 atinge, sob a pressão dos acontecimentos, o auge de sua intensidade. Eis que ressurge a velha questão de saber se é preciso ir ao encontro da sociedade para a mudar, propondo-lhe e dando-lhe exemplos de outros modos de organização, ou se é preciso apenas destrui-la, sem poupar aqueles que, pela sua passividade e submissão, asseguram sua perpetuação. Nesse ponto, todos adentram como nunca na confusão. Mas não ficaram nas diatribes. Eles se enfrentaram com sangue, sob o olhar divertido dos policiais.

O trágico nessa história talvez seja que todos se destruíram por uma questão que nem é mais relevante; o que pode explicar por que o debate se manteve tão estéril. Talvez não haja nenhuma "sociedade" a ser destruída ou persuadida: talvez essa ficção nascida no final do século XVIII e que ocupou tanto revolucionários como governantes durante dois séculos tenha dado seu último suspiro sem que tenhamos nos dado conta. Teremos ainda que descobrir como fazer nosso luto, impermeáveis quer à nostalgia do sociólogo que chora *O fim das sociedades* quer ao oportunismo neoliberal que um dia proclamou com sua segurança marcial: "*There is no such thing as society.*"

No século XVII, a "sociedade civil" era o que se opunha ao "estado de natureza", era o fato de estarmos "unidos, em conjunto, sob o mesmo Governo e sob as mesmas leis". "A sociedade" é um determinado estado da civilização, ou então é "a boa sociedade aristocrática", aquela que exclui a multidão de plebeus. Ao longo do século XVIII, à medida que se desenvolve a governamentalidade liberal e a "triste ciência" que lhe corresponde, a "economia política", a "sociedade civil" passa a designar a sociedade burguesa. Ela já não se opõe ao estado de natureza, de alguma maneira ela se torna "natural" conforme o hábito de considerar que é natural ao homem se comportar como criatura econômica se difunde. A "sociedade civil" é, portanto, aquilo que supostamente se contrapõe ao Estado. Será preciso todo o saint-simonismo, todo o cientificismo, todo o socialismo, todo o positivismo e todo o colonialismo do século XIX para impor a evidência da "sociedade", a evidência de que os homens formariam, em todas as manifestações de sua existência, uma grande família, uma totalidade específica. No final do século XIX, *tudo havia se tornado social*: a habitação, a questão, a economia, a reforma, as ciências, a higiene, a segurança, o trabalho, e até a guerra — a guerra social. No apogeu desse movimento, filantropos empenhados chegaram a fundar em Paris, em 1894, um "Museu social" dedicado à difusão e à experimentação de todas as técnicas aptas a aperfeiçoar, pacificar e sanear a "vida social". No século XVIII, ninguém nunca sonharia fundar uma "ciência" como a sociologia, muito menos em moldá--la seguindo o modelo da biologia.

No fundo, "sociedade" designa apenas a sombra dos sucessivos modos de governo. Ela foi o conjunto dos sujeitos do Estado absolutista no tempo do Leviatã, depois o dos atores econômicos no seio do Estado liberal. Na perspectiva do Estado de bem-estar social era o próprio homem, enquanto detentor de direitos, de necessidades e de força de trabalho, que constituía o elemento-base de toda a sociedade. O que há de retorcido na ideia de "sociedade" é que ela sempre serviu para naturalizar o produto da atividade do governo, de suas operações, de suas técnicas; ela foi *fabricada como aquilo que essencialmente lhe era anterior*. É só depois da Segunda Guerra Mundial que se ousa falar de maneira explícita em "engenharia social". Desde então, a sociedade é aquilo que se edifica, um pouco como se faz o *nation-building* ao se invadir o Iraque. De resto, algo que deixa de funcionar a partir do momento que se pretende fazê-lo abertamente.

De época em época, defender a sociedade nunca foi outra coisa senão defender o objeto do governo,

207 *Nossa única pátria: a infância*

mesmo que contra os próprios governantes. Até hoje, um dos erros dos revolucionários foi ter combatido no terreno de uma ficção que lhes era essencialmente hostil, apropriando-se de uma causa por trás da qual era o próprio governo que avançava disfarçado. Da mesma forma, boa parte da aflição atual do nosso partido reside justamente no fato de o governo, desde os anos 1970, ter *renunciado a essa função*. Ele renunciou à ideia de integrar todos os humanos numa totalidade ordenada — Margaret Thatcher só teve a franqueza de o admitir. Em certo sentido, ele se tornou mais pragmático e abandonou a tarefa exaustante de construção de uma espécie humana homogênea, bem definida e bem separada do resto da criação, limitada embaixo pelas coisas e pelos animais e em cima por Deus, pelo céu e pelos anjos. A entrada na era da crise permanente, os "anos de fartura" e a conversão de cada um em empreendedor desesperado de si mesmo desferiram um golpe forte o suficiente no ideal social para que este saísse um tanto atordoado dos anos 1980. O golpe seguinte, e certamente fatal, é encarnado pelo sonho da metrópole globalizada, induzido pelo desenvolvimento das telecomunicações e pela segmentação do processo de produção em escala planetária.

Podemos continuar vendo o mundo em termos de nações e de sociedades, estas últimas agora atravessadas, perfuradas por um conjunto indomável de fluxos. O mundo se apresenta como uma imensa rede cujas grandes cidades, tornadas metrópoles, não são mais do que plataformas de interligação, pontos de entrada e de saída — *estações*. Agora, pode-se viver a mesma vida, como se diz, em Tóquio ou em Londres, em Singapura ou em Nova York, todas as metrópoles produzem um mesmo mundo no qual o que conta é a mobilidade, e não mais o laço a um lugar. A identidade individual toma o posto de *passe* universal que assegura a possibilidade, onde quer que se esteja, de se conectar à subpopulação de seus semelhantes. Uma coleção de übermetropolitanos constantemente correndo, dos halls dos aeroportos aos banheiros dos trens de alta velocidade, por certo não produz uma sociedade, nem mesmo global. A hiperburguesia que negocia um contrato na Champs-Élysées antes de ouvir um *set* de músicas numa cobertura no Rio e de se recompor de suas emoções num *after* em Ibiza ilustra mais a decadência de um mundo — do qual é preciso usufruir depressa, antes que seja tarde demais — do que antecipa um futuro qualquer. Jornalistas e sociólogos não param de chorar a defunta "sociedade" com sua ladainha sobre o pós-social, o individualismo crescente, a desintegração das antigas instituições, a perda de referências, o crescimento dos comunitarismos, o aprofundar sem fim das desigualdades. E, de fato, aquilo que desaparece é seu próprio ganha-pão. Será preciso que considere um reajuste.

A onda revolucionária dos anos 1960-1970 desferiu o golpe fatal no projeto de uma sociedade capitalista em que todos se integrariam de forma pacífica. Em resposta, o capital empreendeu uma reestruturação *territorial*. Uma vez que o projeto de uma totalidade organizada desmoronava em sua base, seria, a partir da base, a partir *de bases* seguras e conectadas entre si, que se reconstruiria a nova organização mundial, em rede, de produção de valor. Já não se espera que "a sociedade" seja produtiva, mas os territórios, *alguns* territórios. Nestes últimos trinta anos, a reestruturação do capital tomou a forma de um novo rearranjo espacial do mundo. Seu desafio é a criação de *clusters*, de "espaços de inovação" que ofereçam aos "indivíduos dotados de um forte capital social" as condições ótimas para criar, inovar, empreender e, sobretudo, para colaborar — para todos os outros, lamento, a vida será um pouco mais difícil. O modelo universalmente seguido é o do Vale do Silício. Por toda parte, os agentes do capital se dedicam a modelar um "ecossistema" que permita ao indivíduo, em conjunto com outros, se realizar plenamente, "maximizar seus talentos". É o novo credo da economia criativa — no qual a dupla engenheiro/polo de competitividade está logo atrás do duo designer/gentrificação do bairro. De acordo com essa nova vulgata, a produção de valor, sobretudo nos países ocidentais, depende da capacidade de inovação. Ora, como os planejadores bem reconhecem, um ambiente propício à criação e ao compartilhamento, uma atmosfera fértil, são coisas que não se inventam, é algo "situado", que germina num local onde uma história, uma identidade, podem entrar em ressonância com o espírito de inovação. O *cluster* não se impõe, ele emerge num território a partir de uma "comunidade". Se sua cidade está decrépita, a solução não virá nem dos investidores nem do Governo, explica-nos um empreendedor em voga: é preciso se organizar, encontrar outras pessoas, aprender a se conhecer, trabalhar em conjunto, recrutar outras pessoas motivadas, formar redes, agitar o status quo. Trata-se, através da competição alucinada pelo avanço tecnológico, de criar um nicho no qual a concorrência seja provisoriamente abolida e no qual se possa, durante alguns anos, fazer a situação render. Ao pensar sempre de acordo com uma lógica estratégica global, o capital movimenta territorialmente toda uma casuística do planejamento. O que permite a um mau urbanista dizer, a propósito da "ZAD", o território ocupado para impedir a construção de um aeroporto em Notre-Dame-des-Landes, que ela é sem dúvida "a oportunidade para uma espécie de Vale do Silício do social e da ecologia... Esta última nasceu, aliás, num lugar muito pouco interessante na época, mas no qual o baixo custo do espaço e a mobilização de algumas pessoas contribuíram para fazer sua especificidade e sua fama internacional". Ferdinand Tönnies, que considerava só haver sociedade que fosse mercantil, escreveu: "Enquanto que na *comunidade* os homens se mantêm ligados apesar de todas as separações, na *sociedade* eles estão separados apesar de todas as ligações." Nas "comunidades criativas" do capital, as pessoas estão ligadas pela *própria separação*. Já não há um fora a partir do qual possamos distinguir a vida e a produção de valor. A morte se move em si mesma; ela é jovem, dinâmica, e sorri para você.

2. TRANSFORMAR SELEÇÃO EM SECESSÃO

A incitação permanente à inovação, ao empreende-dorismo, à criação, só funciona bem se for feita sobre um monte de ruínas. Daí a grande publicidade que foi feita nestes últimos anos às empresas *cool* e digi-tais que tentam fazer do deserto industrial chamado Detroit um terreno de experimentação. "Se pensarem numa cidade que estava perto da morte e que entra numa nova vida, ela é Detroit. Detroit é uma cidade onde as coisas acontecem, é uma cidade aberta. O que Detroit oferece é destinado às pessoas jovens, in-teressantes, empenhadas, aos artistas, aos inovadores, aos músicos, aos designers, aos fazedores de cidades", escreve aquele que mais vendeu a ideia de um novo desenvolvimento urbano articulado em torno das "classes criativas". Ele fala de uma cidade que, em cin-quenta anos, perdeu metade da população, que tem a segunda maior taxa de criminalidade das grandes cidades norte-americanas, 78 mil prédios abandona-dos, um antigo presidente da Câmara preso e taxas de desemprego oficiais por volta dos cinquenta por cento; mas onde a Amazon e o Twitter abriram novos escritórios. Se o destino de Detroit ainda não está

213 *Nossa única pátria: a infância*

traçado, já se viu, porém, que uma operação promocional em grande escala de uma cidade pode transformar um desastre pós-industrial de várias décadas, constituído de desemprego, de depressão e de ilegalidades, numa região da moda, que faz juras apenas à cultura e à tecnologia. Foi um golpe de varinha mágica semelhante que transfigurou a boa cidade de Lille após 2004, quando ela foi a efêmera "capital europeia da cultura". É desnecessário dizer que algo assim implica "renovar" drasticamente a população do centro da cidade. De Nova Orleans ao Iraque, o que foi designado de forma justa como "estratégia de choque" permite obter, zona a zona, uma fragmentação rentável do mundo. Nessa demolição-renovação controlada da "sociedade", a desolação mais ostensiva e a riqueza mais insolente não são mais do que dois aspectos de um mesmo método de governo.

Quando se leem os relatórios prospectivos dos "experts", encontra-se, em letras garrafais, a seguinte geografia: as grandes regiões metropolitanas que competem umas com as outras para atrair tanto o capital como as *smart people*; os polos metropolitanos de segunda ordem que se safam por via da especialização; as zonas rurais pobres que vegetam tornando-se locais "suscetíveis de atrair a atenção dos citadinos em carência de natureza e tranquilidade", zonas de agricultura, de preferência *bio*, ou "reservas de biodiversidade"; e, por fim, as zonas pura e simplesmente relegadas, onde mais cedo ou mais tarde se acabará por colocar *checkpoints* e que serão controladas de longe, com drones, helicópteros, operações-relâmpago e interceptações telefônicas em massa.

O capital, como se vê, já não coloca o problema da "sociedade" a si próprio, mas sim o do "governo", como se diz de forma educada. Os revolucionários dos anos 1960-1970 cuspiram-lhe na cara, disseram-lhe que não o queriam para nada; e, a partir daí, ele passou a selecionar seus eleitos. Ele não se pensa mais nacionalmente, mas território a território. Ele não se propaga mais de forma uniforme, mas se concentra em cada local, organizando cada território enquanto meio de cultura. Ele não tenta fazer com que o mundo ande no mesmo passo, sob o ritmo do progresso; pelo contrário, ele deixa que o mundo se divida em zonas de forte extração de mais-valia e em zonas abandonadas, em teatros de guerra e em zonas pacificadas. Há o nordeste da Itália e a Campânia, sendo que esta só serve para receber o lixo da primeira. Há Sophia

Antipolis e Villiers-le-Bel. Há City e Notting Hill, Tel Aviv e a faixa de Gaza. As *smart cities* e as periferias apodrecidas. A mesma coisa para a população. Já não há "a população" genérica. Há a jovem "classe criativa", que faz frutificar seu capital social, cultural e relacional no centro das metrópoles inteligentes, e todos os que se tornaram tão claramente "inempregáveis". Há vidas que contam e outras que nem vale a pena contabilizar. Há *populações*, umas de risco, outras com forte poder de compra.

Se ainda resta algum cimento da ideia de sociedade e um muro contra seu deslocamento, certamente é a hilariante "classe média". Ao longo de todo o século xx ela não parou de crescer, pelo menos de maneira virtual — tanto que dois terços dos norte-americanos e dos franceses pensam com sinceridade pertencer a esta não classe hoje em dia. Ela, por sua vez, se vê diante de um impiedoso processo de seleção. Não seria possível, de outra forma, explicar a multiplicação de *reality shows* que recorrem às mais sádicas formas de competição senão como forma de propaganda de massas com objetivo de familiarizar cada um com os pequenos crimes diários entre amigos a que se resume a vida num mundo de seleção permanente. Em 2040, predizem ou preconizam os oráculos da Datar [Delegação interministerial de planejamento de terra e atração regional], órgão que prepara e coordena a ação governamental francesa em matéria de planejamento territorial, "a classe média será menos numerosa". "Seus membros mais favorecidos constituirão a fração inferior da elite transnacional", os outros verão "seu modo de vida se aproximar cada vez mais ao das classes populares", esse "exército servil" que "atenderá às necessidades da elite" e que viverá em bairros degradados, coabitando com um "proletariado intelectual" na expectativa de uma integração ou de uma ruptura com o topo da hierarquia social. Dito em termos menos empolados, a visão deles é mais ou menos esta: zonas suburbanas de moradias devastadas, seus antigos habitantes voltando para favelas, liberando espaço para o "horticultor metropolitano que organiza o fornecimento local de produtos comestíveis frescos para a metrópole" e para "múltiplos parques naturais", "zonas de desligamento", "de lazer para os citadinos que aspiram se defrontar com o selvagem e o ar livre".

Pouco importa o grau de probabilidade dessas projeções. O que importa aqui é que aqueles que pretendem conjugar projeção no futuro e estratégia de ação proclamam previamente a morte da antiga sociedade. A dinâmica global de *seleção* se opõe ponto a ponto à velha dialética da integração, da qual as lutas sociais foram um momento. A partição entre territórios produtivos de um lado e aqueles em estado de calamidade de outro, entre a classe *smart* e os "idiotas", os "atrasados", os "incompetentes", aqueles que "resistem à mudança", os *apegados*, já não é determinada por qualquer organização social ou tradição cultural. O desafio é poder determinar em *tempo real*, de maneira sutil, onde jaz o valor, em qual território, com quem, por quê. O arquipélago recomposto das metrópoles tem muito pouco da ordem inclusiva e hierarquizada denominada "sociedade". Todas as pretensões totalizantes foram abandonadas. É isso o que nos mostram os relatórios da Datar: esses mesmos que tinham planejado o território nacional, que tinham construído a unidade fordista da França gaullista, começaram sua desconstrução. Eles decretam sem mágoa o "crepúsculo do Estado-nação". Colocar limites definitivos, seja através do estabelecimento de fronteiras soberanas ou pela distinção indubitável entre o homem e a máquina, entre o homem e a natureza, é coisa do passado. É o fim do mundo circunscrito. A nova "sociedade" metropolitana se distribui num espaço plano, aberto, expansivo, não tanto liso, mas fundamentalmente *pegajoso*. Ela se espalha por suas margens, ultrapassa seus contornos. Já não é tão fácil dizer, de uma vez por todas, quem está e quem não está lá: no mundo-*smart*, uma lata de lixo-*smart* faz muito mais parte da "sociedade" do que um sem-teto ou do que um camponês. Recompondo-se num plano horizontal, fragmentado, diferenciado — o do planejamento do território — e não sobre o plano vertical e hierárquico saído da teologia medieval, "a sociedade", como terreno de jogo do governo, agora só tem limites fluidos, movediços e, por essa razão, facilmente revogáveis. O capital começa a sonhar com um novo "socialismo" reservado a seus aderentes. Agora que Seattle foi esvaziada de seus pobres em proveito dos empregados futuristas da Amazon, Microsoft e Boeing, chegou o tempo de instaurar o transporte público gratuito. A cidade não vai cobrar daqueles cuja vida inteira não é nada além de produção de valor. Seria uma falta de gratidão.

A seleção determinada das populações e dos territórios tem seus próprios riscos. Uma vez que a divisão entre aqueles que se deve fazer viver e aqueles que se deve deixar morrer é feita, nada garante que estes que se sabem destinados à lixeira humana continuem se deixando governar. Pode-se apenas torcer para que este resto desconfortável seja "gerido"— a integração seria inverossímil e a liquidação seria sem dúvida indecente. Os planejadores, insensíveis ou cínicos, aceitam a "segregação", o "aprofundamento das desigualdades", o "alargamento das hierarquias sociais" como um fato dos tempos, e não como uma deriva que seria necessário interromper. A única deriva é aquela que poderia levar a segregação a se transformar em *secessão* — a "fuga de uma parte da população para as periferias onde se organizariam em comunidades autônomas", eventualmente em "ruptura com os modelos dominantes da globalização neoliberal". É essa a ameaça a ser gerida, é essa o caminho a se seguir.

Vamos, portanto, assumir a secessão que o capital já pratica, mas ao nosso modo. Fazer secessão não é cortar uma parte do território do conjunto nacional, não é se isolar, cortar as comunicações com todo o resto — isso é a morte certa. Fazer secessão não é constituir, a partir do refugo deste mundo, *contraclusters* em que comunidades alternativas se comprazeriam em sua autonomia imaginária relativa à metrópole — isso faz parte dos planos da Datar, que já previu inclusive deixá-las vegetar em sua inofensiva marginalidade. Fazer secessão é habitar um território, assumir nossa configuração situada do mundo, nossa forma de aí permanecer, a forma de vida e as verdades que nos conduzem e, *a partir daí*, entrar em conflito ou em cumplicidade. É, portanto, criar laços de maneira estratégica com outras zonas de dissidência, intensificar as circulações com as regiões amigas, ignorando as fronteiras. Fazer secessão é romper não com o território nacional, mas com a própria geografia existente. É desenhar uma outra geografia, descontínua, em arquipélago, intensiva — e então partir ao encontro dos lugares e dos territórios que nos são próximos, mesmo se for necessário percorrer dez mil quilômetros. Numa de suas publicações, os opositores à construção da linha-férrea Lyon-Turim escreveram: "O que significa ser *no*-TAV? É partir de um enunciado simples: 'o trem de grande velocidade nunca passará pelo Vale de Susa' e organizar sua vida para que esse enunciado seja confirmado. Muitos são aqueles que se encontraram em torno dessa certeza ao longo dos últimos vinte anos. A partir desse ponto muito particular, sobre o qual a questão de ceder não se coloca, o mundo inteiro se reconfigura. A luta no Vale de Susa concerne ao mundo todo, não porque ela defenda o 'bem comum' em geral, mas porque uma determinada ideia do que é o bem é pensada em comum no interior dela. E esta se confronta com outras concepções, se defende daqueles que a querem destruir e cria laços com os que têm afinidade com ela."

3. NÃO HÁ "LUTAS LOCAIS", MAS UMA GUERRA ENTRE MUNDOS

Um geopolítico qualquer de planejamento territorial pode escrever que "o aumento de potência dos conflitos em torno de projetos de planejamento é tal, há mais ou menos vinte anos, que podemos nos perguntar se não estamos assistindo, na realidade, a um deslizamento progressivo da conflitualidade em nossa sociedade do campo do social para o territorial. Quanto mais as lutas sociais recuam, mais força ganham as lutas cuja questão central é o território". Somos quase tentados a lhe dar razão ao vermos a maneira com que nos últimos anos a luta no Vale de Susa determina, desde suas montanhas distantes, o tempo da contestação política na Itália; ao vermos a potência de agregação da luta contra os transportes de rejeitos nucleares pelos trens Castor em Wendland, na Alemanha; ao constatarmos a determinação daqueles que combatem a mina da Hellas Gold no vilarejo de Ierissos, na região de Calcídica, assim como daqueles que impediram a construção de um incinerador de lixo em Keratea, no Peloponeso. São cada vez mais os revolucionários que se atiram avidamente sobre o que chamam de "lutas locais", como ontem se atiravam sobre as "lutas sociais". Nem sequer faltam marxistas para se interrogar, com apenas um século de atraso, se não conviria reavaliar o caráter territorial de tantas greves, de tantos combates de fábrica que, feitas as contas, envolvem regiões inteiras, e não só os operários, e cujo terreno talvez fosse mais a vida do que a simples relação salarial. O erro desses revolucionários está em considerar o local da mesma forma como viam a classe operária, como uma realidade preexistente à luta. Então é lógico para eles pensar que seria possível construir uma nova internacional a partir das resistências aos "grandes projetos inúteis e impostos" que as tornariam mais fortes e mais contagiantes. É ignorar o fato de que é o

Nossa única pátria: a infância

próprio combate que, ao reconfigurar o cotidiano dos territórios em luta, cria a consistência do local, o qual era perfeitamente evanescente antes disso. "O movimento não se contentou em defender um 'território' no estado em que ele se encontrava, mas habitou-o na ótica daquilo em que ele poderia se tornar... Ele o fez existir, construiu-o, deu-lhe uma consistência", notam os opositores do TAV. Furio Jesi notava que "apropriamo-nos muito mais facilmente de uma cidade em momentos de revolta aberta, na alternância entre ataques e contra-ataques, do que brincando por suas ruas, enquanto crianças, ou passeando nos braços de uma moça mais tarde". O mesmo acontece com os habitantes de Vale de Susa: eles não teriam um conhecimento tão minucioso de seu vale, e tal laço com ele, se não lutassem há trinta anos contra o famigerado projeto da União Europeia.

O que pode ligar essas diferentes lutas cujo centro *não é* "o território" não é o fato de se confrontarem com a mesma reestruturação capitalista, mas sim as formas de viver que se inventam ou que se redescobrem no próprio decurso do conflito. O que as liga são os gestos de resistência que delas decorrem — o bloqueio, a ocupação, o motim, a sabotagem como ataques diretos contra a produção de valor pela circulação da informação e das mercadorias, através da conexão com "territórios inovadores". O poder que se liberta não é aquilo que é necessário mobilizar *tendo em vistas* a vitória, mas a própria vitória na medida em que, passo a passo, o poder aumenta. A esse título, o movimento "Semeie sua ZAD" foi bem nomeado.[1] Trata-se de retomar a atividade agrícola nos terrenos expropriados pelo construtor do aeroporto de Notre-Dame-des-Landes, agora ocupados pelos habitantes. Um gesto desses imediatamente coloca quem o contempla num tempo longo, pelo menos mais longo do que o dos movimentos sociais tradicionais, e induz uma reflexão mais geral sobre a vida na ZAD e sobre seu futuro. Uma projeção que não pode deixar de incluir a disseminação para fora de Notre-Dame-des-Landes. No departamento de Tarn isso acontece desde 2014 contra a construção de uma barragem.

1. O território previsto para a construção do aeroporto de Notre-Dame-des-Landes, a alguns quilômetros de Nantes, foi designado como ZAD [Zone d'Aménagement Differé]. Os moradores e ativistas que se opuseram ao projeto, ocupando a região, modificaram-lhe o sentido: ZAD passou a significar qualquer zona a ser defendida [Zone A Défendre]. [N.E.]

225   *Nossa única pátria: a infância*

Tudo se perde quando se reivindica o local contra o global. O local não é a alternativa tranquilizante à globalização, mas seu produto universal: antes de o mundo ter sido globalizado, o lugar onde moro era apenas o território familiar, ninguém o reconhecia como "local". O local não é mais do que o reverso do global, seu resíduo, sua secreção, e não aquilo que pode fazê-lo explodir. Nada era local antes de poder ser arrancado daí a qualquer momento, seja por razões profissionais, médicas ou de férias. O local é o nome da possibilidade de uma partilha, combinada à partilha de uma despossessão. É uma contradição do global, à qual podemos ou não dar consistência. Cada mundo singular surge agora pelo que é: uma dobra *no* mundo, e não seu exterior substanciado. Encaminhar lutas como as do Vale de Susa, de Calcídica ou dos Mapuche, que recriaram um território e um povo com uma aura planetária, para a categoria enfim insignificante de "luta local" — do mesmo modo que há uma "dinâmica local" simpaticamente folclórica — é uma clássica operação de neutralização. Para o Estado, com o pretexto de que esses territórios estão situados em suas margens, trata-se de marginalizá--los politicamente. Quem, fora o Estado mexicano, ousaria qualificar a insurreição zapatista e a aventura que se seguiu como "luta local"? E no entanto haverá algo mais localizado do que essa insurreição armada contra os avanços do neoliberalismo, que inspirou até um movimento de revolta planetária contra a "globalização"? A contraoperação que os zapatistas souberam desenvolver consistiu em se excluir, de início, do quadro nacional e, portanto, do estatuto menor de "luta local", e em criar laços com toda espécie de força através do mundo; pinçando, assim, um Estado mexicano duplamente impotente, em seu próprio território e para além de suas fronteiras. A manobra é impossível de parar, e é reprodutível.

Tudo é local, incluindo o global; ainda que tenhamos de o *localizar*. A hegemonia neoliberal provém precisamente do fato de que ela flutua pelo ar, se espalha por inúmeros canais, muitas vezes quase invisíveis, e parece invencível porque insituável. Mais do que ver Wall Street como uma ave de rapina celestial que domina o mundo, como antes Deus o fazia, teríamos muito a ganhar se localizássemos suas redes materiais e relacionais, se seguíssemos as conexões de uma praça bolsista até sua última fibra. Talvez nos déssemos conta de que os *traders* são apenas uns imbecis, que nem sequer merecem sua reputação diabólica, mas que, neste mundo, essa idiotice é poder. Poderíamos nos questionar sobre a existência desses buracos negros que funcionam como câmaras de compensação, como a Euronext ou a Clearstream. Em igual medida para o Estado, que no fundo talvez não seja mais do que, como sugeriu um antropólogo, um sistema de lealdades pessoais. O Estado é a máfia que venceu todas as outras e que, em contrapartida, ganhou o direito de tratá-las como criminosas. Identificar esse sistema, traçar seus contornos e desvendar os vetores é trazê-lo de volta à sua natureza terrestre, é devolvê-lo à sua categoria real. Há, também aqui, um trabalho de pesquisa que por si só poderia dissipar a aura daquilo que se pretende hegemônico.

Um outro perigo ameaça aquilo que oportunamente entendemos como "lutas locais". Aqueles que através de sua organização cotidiana descobrem o caráter supérfluo do governo podem concluir que exista uma sociedade subjacente, pré-política, em que a cooperação surge de forma natural. Eles acabam, logicamente, por se erguer contra o governo em nome da "sociedade civil". Isso nunca acontece sem que se postule que a humanidade é estável, pacificada, homogênea em suas aspirações positivas, animada por uma disposição fundamentalmente cristã para a ajuda mútua, para a bondade e para a compaixão. "No exato instante de seu triunfo", escrevia uma jornalista norte--americana em relação à insurreição argentina de 2001, "a revolução parece ter, instantaneamente, cumprido sua promessa: todos os homens são irmãos, qualquer um pode se exprimir, os corações estão cheios, a solidariedade é forte. A formação de um novo governo, historicamente, transfere muito desse poder para o Estado em vez de para a sociedade civil. [...] O período de transição entre dois regimes parece ser aquele que mais se aproxima do ideal anarquista de uma sociedade sem Estado, um momento em que toda a gente pode agir e ninguém detém a autoridade última, em que a sociedade se inventa a si mesma ao longo do tempo". Um novo dia chegaria sobre uma humanidade plena de bom senso, responsável e capaz de se encarregar de si mesma numa colaboração respeitosa e inteligente. Tudo isso significa acreditar que a luta deixa emergir uma natureza humana essencialmente boa, quando são justamente as condições da luta que *produzem essa humanidade*. A apologia à sociedade civil não faz mais do que reencenar, em escala global,

229 *Nossa única pátria: a infância*

o ideal da passagem para uma idade adulta na qual poderíamos enfim dispensar nosso tutor — o Estado —, porque *teríamos finalmente compreendido*; seríamos finalmente dignos de nos governar a nós mesmos. Essa ladainha se apropria de tudo o que há de mais triste no devir-adulto: certo aborrecimento responsável, uma benevolência exagerada, o recalque dos afetos vitais que habitam a infância, isto é, determinada disposição para o jogo e para o conflito. O erro de base é sem dúvida o seguinte: os partidários da sociedade civil, pelo menos desde Locke, sempre identificaram "a política" com as tribulações induzidas pela corrupção e pela negligência do governo — sendo que a base social seria natural e sem história. A história, precisamente, não seria mais do que a sequência de erros e de aproximações que atrasam a transformação de uma sociedade satisfeita por si só. "O grande objetivo que os homens perseguem quando entram em sociedade é gozar sua propriedade pacificamente e sem perigo." Daí que aqueles que lutam contra o governo em nome da "sociedade", sejam quais forem suas pretensões radicais, não podem senão desejar, no fundo, acabar com a história e com a política, isto é, com a possibilidade do conflito, isto é, com a vida, a vida *viva*.

Nós partimos de um pressuposto completamente diferente: da mesma forma que não há "natureza", também não há "sociedade". Arrancar os humanos de todo não humano que tece, dentro de cada um, seu mundo familiar, e reunir as criaturas assim amputadas sob o nome de "sociedade" é uma monstruosidade que dura demasiado tempo. Por toda parte, na Europa, há "comunistas" ou socialistas propondo uma saída nacional para a crise: sair do euro e reconstituir uma bela totalidade limitada, homogênea e ordenada, tal seria a solução. Esses amputados não conseguem parar de alucinar com seu membro fantasma. E, além disso, em matéria de belas totalidades ordenadas, os fascistas sempre levam a melhor.

Nada de sociedade, portanto, mas sim de *mundos*. E também nada de guerra contra a sociedade: fazer a guerra enquanto ficção é dotá-la de substância. Não há nenhum céu social acima de nossas cabeças, o que há é apenas nós e o conjunto de laços, de amizades, de inimizades, de proximidades e de distâncias efetivas que experimentamos. Não há nada senão vários *nós*, potências eminentemente situadas e sua capacidade para estender as ramificações no seio do cadáver social que se decompõe e recompõe sem parar.

Uma agitação de mundos, um mundo feito de todo um conjunto de mundos, e portanto atravessado por conflitos entre eles, por atrações, por repulsões. Construir um mundo é elaborar uma ordem, atribuir ou não um lugar a cada coisa, a cada ser, a cada propensão, e pensar esse lugar, mudá-lo se necessário. A cada manifestação de nosso partido, quer seja na ocupação de uma praça, numa onda de revoltas ou numa frase perturbadora pintada numa parede, difunde-se o sentimento de que certamente somos "nós" que ali vamos, em todos esses locais para onde nunca fomos. É por isso que o primeiro dever dos revolucionários é tomar conta dos mundos que edificam. Como os zapatistas provaram, que cada mundo seja situado em nada diminui seu acesso à generalidade; pelo contrário, é o que assegura isso. O universal, disse um poeta, é o local menos os muros. Há sobretudo uma inclinação para a universalização que tende ao aprofundamento em si, à intensificação do que se experimenta em qualquer ponto do mundo. Não se trata de escolher entre a atenção que damos àquilo que construímos e a nossa força política estratégica. A força estratégica é constituída da própria intensidade daquilo que vivemos, da alegria que daí emana, das formas de expressão que aí se inventam, da capacidade coletiva para resistir da qual ela é testemunha. Na inconsistência geral das relações sociais, os revolucionários devem se destacar pela sua densidade de pensamento, de afeto, de delicadeza, de organização que são capazes de trazer, e não por sua disposição para a cisão, para a intransigência sem objeto ou pela concorrência desastrosa no terreno de uma radicalidade fantasmática. É pela *atenção ao fenômeno*, por suas qualidades sensíveis, que eles se tornarão uma potência real, e não por sua coerência ideológica.

A incompreensão, a impaciência e a negligência, eis os inimigos.

O real é aquilo que resiste.

Poitiers, Batistério de São João, 10 de outubro de 2009

OMNIA SUNT COMMUNIA

I. QUE A COMUNA RETORNE

Um escritor egípcio, liberal convicto, escrevia na longínqua época da primeira Praça Tahrir: "As pessoas que vi na Praça Tahrir eram seres novos que já não se pareciam em nada com aqueles com quem eu convivia diariamente, como se a revolução tivesse recriado egípcios de uma qualidade superior. [...] Como se a revolução, que tinha libertado os egípcios do medo, os tivesse também curado de seus pequenos defeitos sociais. [...] A Praça Tahrir havia se tornado parecida com a Comuna de Paris. O poder do regime havia sido derrubado e, em seu lugar, o poder do povo havia sido instaurado. Foram criadas comissões de toda a espécie, como a de limpeza ou aquela encarregada de instalar banheiros e chuveiros. Médicos generosos tinham construído hospitais de campanha." Em Oakland, o movimento Occupy ocupava a Praça Oscar

Grant sob o nome de "Comuna de Oakland". Em Istambul não se encontrou nome mais apropriado, logo nos primeiros dias, do que "Comuna de Taksim" para designar o que ali havia nascido. Era uma forma de dizer que a revolução não era aquilo que um dia talvez pudesse se desdobrar a partir de Taksim, mas sua existência em ato, sua imanência fervilhante, aqui e agora. Em setembro de 2012, um pobre vilarejo no delta do Nilo, Tahsin, com três mil habitantes, declarou sua independência em relação ao Estado egípcio. "Não pagaremos mais impostos, não pagaremos mais escolas. Nós mesmos faremos escolas. Nós mesmos cuidaremos de nosso lixo, de nossas estradas. E se um empregado do Estado puser os pés no vilarejo para outra coisa que não nos ajudar, nós o colocaremos para fora", disseram os habitantes. Nas montanhas altas de Oaxaca, no início dos anos 1980, grupos de índios que buscavam formular aquilo que fazia a especificidade de sua forma de vida chegaram à noção de "comunalidade". O ser comunal, para esses índios, é ao mesmo tempo o que sintetiza sua base tradicional e aquilo que eles opõem ao capitalismo, com vistas a uma "reconstrução ética dos povos". Nos últimos anos, vimos inclusive o PKK [Partido dos

Trabalhadores do Curdistão] se converter ao comunalismo libertário de Murray Bookchin e se projetar mais em direção a uma federação de comunas do que na construção de um Estado curdo.

A comuna não só não morreu, como retornou. E não retornou nem por acaso nem numa hora qualquer. Ela retornou no exato momento em que o Estado e a burguesia se apagaram como forças históricas. Ora, foi justamente a emergência do Estado e da burguesia que anunciou o fracasso do intenso movimento de revolta comunalista que sacudiu a França do século XI ao século XIII. A comuna, então, não é uma vila franca, não é uma coletividade dotada de instituições de autogoverno. Se a comuna consegue obter o reconhecimento por parte desta ou daquela autoridade, geralmente depois de duros combates, não depende disso para existir. Ela sequer tem uma Constituição, e quando a tem, é muito raro que esta estipule uma estrutura política ou administrativa qualquer. Ela pode ou não ter uma prefeitura. Mas o que constitui a comuna é o juramento mútuo prestado pelos habitantes de uma cidade ou de uma área rural de *se manterem juntos*. No caos francês do século XI, a comuna significava jurar assistência, de cuidar um do outro e da defesa contra os opressores. É literalmente uma *conjuratio*; e as conjurações teriam se mantido como algo honroso se os legalistas régios não tivessem começado, nos séculos seguintes, a associar-lhes a ideia de conspiração para se livrarem delas mais facilmente. Um historiador já esquecido resumiu: "Sem associação por juramento não havia comuna, e essa associação bastava para que a comuna existisse. Comuna tem exatamente o mesmo sentido de juramento comum." A comuna é, portanto, o pacto de enfrentar o mundo em conjunto. É contar com suas próprias forças como fonte de liberdade de cada um. Não é uma entidade que visa a si mesma: é um *laço qualitativo e uma forma de estar no mundo*. É um pacto, portanto, cujo efeito só poderia ser a implosão do monopólio burguês de todas as funções e de todas as riquezas, bem como do desenvolvimento da hegemonia estatal. Eis o sentido original, medieval, há muito perdido de comuna, que, não se sabe como, a facção federalista da Comuna de Paris reencontrou em 1871. E desde então é esse o sentido que periodicamente ressurge, desde o movimento das comunas soviéticas — a ponta de lança esquecida da revolução bolchevique até que a burocracia stalinista decidisse liquidar com ela — até o "intercomunalismo revolucionário" de Huey P. Newton, passando pela Comuna de Kwangju de 1980 na Coreia do Sul. Declarar a Comuna é, a cada vez, fazer o tempo histórico perder as estribeiras, abrir brechas no *continuum* desesperante das submissões, no encadeamento sem razão dos dias, na triste luta de cada um por sua própria sobrevivência. Declarar a Comuna é consentir em *se ligar*. Nada mais será como antes.

2. HABITAR REVOLUCIONÁRIO

Gustav Landauer escreveu: "Na vida comunitária dos homens há apenas uma estrutura adequada ao espaço: a comuna e a confederação de comunas. As fronteiras da comuna são plenas de sentido (o que exclui naturalmente a desmedida, mas não o contrassenso ou a inconveniência em casos isolados): elas circundam um lugar que termina naturalmente onde termina." Que uma realidade política possa ser essencialmente espacial é algo que desafia um pouco o entendimento moderno. De um lado, porque fomos habituados a apreender a política como essa dimensão abstrata na qual se distribuem, da esquerda para a direita, posições e discursos. De outro, porque herdamos da modernidade uma concepção do espaço como extensão vazia, uniforme e mensurável na qual ocupam lugar objetos, criaturas ou paisagens. Mas o mundo sensível não se oferece a nós dessa forma. O espaço não é neutro. As coisas e os seres não ocupam uma posição geométrica, eles afetam e são afetados. Os lugares estão irredutivelmente carregados — de histórias, de usos, de emoções. Uma comuna se lança ao mundo a partir de seu próprio lugar. Nem entidade administrativa nem simples recorte geográfico, ela exprime, acima de tudo, certo grau de partilha inscrito de modo territorial. Adicionando ao território, dessa maneira, uma profundidade que nenhum estado-maior poderá fazer figurar em qualquer de seus mapas. Por sua simples existência, ela condena ao fracasso qualquer capricho de "planejamento territorial".

O território da comuna é físico porque é existencial: enquanto as forças de ocupação pensam o espaço como uma rede ininterrupta de *clusters* aos quais diferentes operações de *branding* dão uma aparência de diversidade, a comuna se pensa, ao contrário, como ruptura concreta, situada, com a ordem global. A comuna habita seu território, o que significa que ela o molda, da mesma forma que este lhe oferece uma morada e um abrigo. Ela tece aí os laços necessários, ela se alimenta de sua memória, ela encontra um sentido, uma linguagem na terra. No México, um antropólogo índio, um desses que hoje defendem a "comunalidade" como princípio diretor de sua política, declarou em relação às comunas ayuujk: "A comunidade é descrita como algo físico, com as palavras 'najx' e 'kajp' ('najx', a terra, e 'kajp', o povo). 'Najx', a terra, torna possível a existência de 'kajp', o povo, mas o povo, 'kajp', dá um sentido à terra, "najx"." Um território habitado de maneira intensiva acaba por se tornar ele próprio uma afirmação, uma explicitação, uma expressão do que ali se vive. Isso se vê tanto numa aldeia bororo, cujo mapa torna evidente a relação de seus habitantes com os deuses, como no florescimento de pichações após uma manifestação, da ocupação de uma praça, de um momento qualquer em que a plebe se põe a habitar novamente o espaço urbano.

É através do território que a comuna ganha corpo, encontra sua voz, se torna presença. "O território é nosso espaço de vida, as estrelas que nós vemos à noite, o calor ou o frio, a água, a areia, o cascalho, a floresta, nosso modo de ser, de trabalhar, nossa música, *nossa forma de falar*." Assim se exprime um índio nauatle, um desses *comuneros* que através da força das armas retomaram, no final dos anos 2000, as terras comunais de Ostula, griladas por uma gangue qualquer de pequenos proprietários fundiários de Michoacán, para aí declarar a comuna autônoma de San Diego Xayakalan. É que qualquer existência, por menor que seja seu elo com o mundo, tem necessidade de uma terra para se inscrever, seja em Seine-Saint-Denis ou nas terras aborígenes da Austrália. Habitar é escrever, é se narrar a partir da terra. É o que ainda podemos ouvir na palavra geo-grafia. O território é para a comuna aquilo que a palavra é para o sentido — isto é, nunca um simples meio. E aí está o que opõe de modo fundamental a comuna ao espaço infinito da organização mercantil: seu território é a tábua de argila que desvenda por si só seu sentido, e não uma mera extensão dotada de funções produtivas habilmente distribuídas por um punhado de especialistas em planejamento. Há tantas diferenças entre um local habitado e uma zona de atividade quanto entre um diário íntimo e uma agenda. Duas utilizações da terra, duas utilizações de tinta e papel, sem nenhuma semelhança entre si.

Qualquer comuna, como decisão de enfrentar o mundo em conjunto, coloca este em seu centro. Quando um teórico da comunalidade escreve que ela "é inerente à existência e à espiritualidade dos povos indígenas, caracterizados pela reciprocidade, pela coletividade, pelos laços de parentesco, pelas lealdades primordiais, pela solidariedade, pela ajuda mútua, pelo *tequio*, pela assembleia, pelo consenso, pela comunicação, pela horizontalidade, pela autossuficiência, pela defesa do território, pela autonomia e pelo respeito pela mãe terra", ele se esquece de dizer que foi o embate com a época que exigiu essa teorização. A necessidade das infraestruturas do poder de se autonomizar não marca uma aspiração ancestral à autarcia, mas se relaciona com a liberdade política que assim se conquista. A comuna não se contenta com o fato de nomear a si mesma: o que ela pretende evidenciar ao ganhar corpo não é sua identidade ou a ideia que tem de si mesma, mas a ideia que tem da vida. Aliás, a comuna só pode crescer a partir de seu exterior, como um organismo que só vive da interiorização daquilo que o circunda. Exatamente por desejar crescer, a comuna só pode se alimentar daquilo que não a constitui. A partir do momento em que rompe com o exterior, ela se coloca em perigo, devora a si mesma, destrói a si mesma, perde sua vitalidade ou se entrega ao que os gregos designam, na escala do seu país, "canibalismo social", e isso justamente porque eles se sentem isolados do resto do mundo. Para a comuna, não há diferença entre crescer em potência e cuidar essencialmente daquilo que ela não é. Historicamente, as comunas de 1871, a de Paris, mas também as de Limoges, Périgueux, Lyon, Marselha, Grenoble, Le Creusot, Saint-Étienne, Rouen, assim como as comunas medievais, foram condenadas por seu isolamento. E com a calma restabelecida na província, foi permitido a Thiers esmagar o proletariado parisiense em 1871, da mesma forma que, durante a ocupação de Taksim, a principal estratégia da polícia turca foi impedir as manifestações provenientes dos bairros agitados de Gazi, Besiktas ou dos bairros anatólios da outra margem do Bósforo de chegarem a Taksim; e de impedir Taksim de estabelecer laços com eles. O paradoxo que a comuna enfrenta é, portanto, o seguinte: ela deve ser ao mesmo tempo bem-sucedida em dar consistência a uma realidade territorial heterogênea à "ordem global" e suscitar, estabelecer ligações entre consistências locais, ou seja, se desligar da ancoragem que a constitui. Se um dos dois objetivos não for atingido, ou a comuna se fecha em seu território, tornando-se pouco a pouco isolada e neutralizada, ou se torna uma trupe errante, fora do solo, estrangeira às situações que atravessa, não inspirando mais do que desconfiança por onde passa. Foi o que aconteceu aos destacamentos da Longa Marcha de 1934. Um terço dos maoistas morreram ali.

3. DERROTAR A ECONOMIA

Que o coração da comuna seja precisamente aquilo que lhe escapa, aquilo que a atravessa, algo de que ela jamais pode se apropriar, era o que já caracterizava as *res communes* no direito romano. As "coisas comuns" eram o oceano, a atmosfera, os templos; aquilo de que ninguém pode se apropriar enquanto tal; podem monopolizar alguns litros de água do mar, uma parcela da costa ou as pedras de um templo, mas não o mar enquanto tal, não um local sagrado. As *res communes* são paradoxalmente aquilo que resiste à reificação, à sua transformação em *res*, em *coisas*. É a denominação em direito público daquilo que escapa ao direito público: aquilo que é de uso comum é irredutível às categorias jurídicas. A linguagem é tipicamente "o comum": se podemos nos exprimir *graças* a ela, *através* dela, ela é também o que ninguém pode possuir pessoalmente. Podemos apenas *usá-la*.

Nos últimos anos, alguns economistas se dedicaram a desenvolver uma nova teoria dos "comuns". Os "comuns" seriam o conjunto dessas coisas que o mercado tem enormes dificuldades em avaliar, mas sem as quais ele não funcionaria: o ambiente, a saúde mental e física, os oceanos, a educação, a cultura, os Grandes Lagos etc., mas também as grandes infraestruturas (as autoestradas, a internet, as redes telefônicas ou de saneamento etc.). Segundo esses economistas, ao mesmo tempo inquietos com o estado do planeta e preocupados com um melhor funcionamento do mercado, seria preciso inventar para esses "comuns" uma nova forma de "governo" baseada não só no mercado. *Governing the commons* é o título do recente *best-seller* de Elinor Ostrom, prêmio Nobel de Economia em 2009, que definiu oito princípios para "gerir os comuns". Percebendo que ali havia um lugar a ser ocupado numa "administração dos comuns" ainda por inventar, Negri e seus consortes tomaram como sua essa teoria de fundo perfeitamente liberal. Eles inclusive estenderam a noção de comum à totalidade daquilo que o capitalismo produz, argumentando que isso emanava, em última instância, da cooperação produtiva entre os homens, que só teriam que se apropriar disso por via de uma insólita "democracia do comum". Os eternos militantes, sempre com ideias rasas, se apressaram a seguir o exemplo. Agora reivindicam "saúde, habitação, migração, assistência social, educação, condições de trabalho na indústria têxtil" como tantos outros "comuns" dos quais seria necessário se apropriar. Se continuarem nesse caminho, não tardarão a reivindicar a autogestão das centrais nucleares, não sem antes terem exigido a Agência Nacional de Segurança dos Estados Unidos, já que a internet deve pertencer a todo o mundo. Alguns teóricos mais refinados imaginam eles próprios fazendo do "comum" o último princípio metafísico retirado do chapéu mágico do Ocidente. Uma "arché", escrevem eles, no sentido daquilo que "ordena, comanda e rege toda a atividade política", um novo "começo", que deverá dar origem a novas instituições e a um novo governo do mundo. O que há de sinistro em tudo isso é essa incapacidade para imaginar como revolução outra coisa para

247 *Omnia sunt communia*

além deste mundo confinado por uma administração dos homens e das coisas, que continua devendo tudo aos delírios de Proudhon e ao sombrio imaginário da Segunda Internacional. As comunas contemporâneas não reivindicam o acesso nem o encargo de um "comum" qualquer, elas põem imediatamente em prática uma forma de vida comum, que significa a elaboração de uma *relação comum* com aquilo que não se pode apropriar, a começar pelo mundo.

Mesmo que esses "comuns" mudassem de mãos para uma nova espécie de burocratas, no fundo nada do que nos mata mudaria de fato. Toda a vida *social* das metrópoles funciona como uma gigantesca operação de desmoralização. Cada um é, em todos os aspectos de sua existência, rigorosamente *submetido* pela organização total do sistema mercantil. Pode-se militar nesta ou naquela organização, sair com seu grupo de amigos; em última instância, é cada um por si, e não há nenhuma razão para pensar que possa ser de outra forma. Qualquer movimento, qualquer encontro verdadeiro, qualquer episódio de revolta, qualquer greve, qualquer ocupação é uma brecha aberta na falsa evidência *desta vida* e mostra que uma vida *comum* é possível, desejável, potencialmente rica e alegre. Por vezes parece ue tudo conspira para nos dissuadir de acreditar isso, para apagar todos os vestígios de outras formas e vida — tanto daquelas que se extinguiram como aquelas prestes a serem erradicadas. Os desesperados ue estão no comando do navio temem sobretudo ter assageiros menos niilistas do que eles. E, de fato, toda organização deste mundo, isto é, de nossa rigorosa ependência em relação a ele, é uma negação cotidiana a possibilidade de qualquer outra forma de vida.

À medida que o verniz social se esfarela, a urgência e se constituir enquanto força se difunde subterrâea mas sensivelmente. Desde o final do movimento as praças, vimos eclodir em numerosas cidades redes e ajuda mútua para impedir a expulsão de inquilinos, omitês de greve e assembleias de bairro, mas também cooperativas para tudo e em todos os sentidos. Cooperativas de produção, de consumo, de habitação, e ensino, de crédito e até "cooperativas integrais" que retendiam se encarregar de todos os aspectos da vida. Com essa proliferação, é todo um conjunto de prátias, antes marginais, que se propagam muito além do ueto radical a que estavam de certa maneira confinaas. Elas adquirem assim um grau de seriedade e de ficácia até então desconhecido. Sentimo-nos menos

Omnia sunt communia

asfixiados: o mundo não é todo igual. Enfrentamo
juntos a necessidade de dinheiro, organizamo-no
para tê-lo ou para nos safarmos sem ele. No entant
uma marcenaria ou uma oficina mecânica coopera
vas serão tão enfadonhas quanto um trabalho assal
riado qualquer se forem entendidas como fins em
mesmas ao invés de serem concebidas como meic
comuns a todos. Qualquer entidade econômica es
condenada à morte, é a morte *desde já*, se a comun
não vier para desmentir sua pretensão à completud
A comuna é, portanto, aquilo que faz todas as c
munidades econômicas se comunicarem entre si,
que as atravessa e as extravasa, ela é a ligação qu
contraria sua tendência ao autocentramento. O tecid
ético do movimento operário barcelonês do início d
século XX pode servir de guia às experimentações er
curso. O que fazia o seu caráter revolucionário nã
eram nem suas escolas libertárias, nem seus pequenc
operadores que imprimiam clandestinamente nota
de dinheiro estampadas com CNT-FAI [Confederaçã
Nacional do Trabalho - Federação Anarquista Ib
rica], nem seus sindicatos de setor, nem suas cooper
tivas operárias, nem seus grupos de *pistoleros*. Era a
gação entre tudo isso, a vida que desabrochava *em me*

tudo isso, e que não é atribuível a nenhuma dessas atividades, a nenhuma dessas entidades. Essa era sua base inexpugnável. É notável, aliás, que no momento da revolta de julho de 1936 o único grupo em condições de ligar ofensivamente todos os componentes do movimento anarquista tenha sido o *Nosotros*: um grupo marginalizado que o movimento acusava até então de "anarco bolchevismo" e que tinha acabado de sofrer, um mês antes, um processo público e uma quase expulsão por parte da FAI.

Em boa parte dos países europeus atingidos pela "crise" é possível assistir a um regresso massivo da economia social e solidária, assim como das ideologias cooperativistas e mutualistas que a acompanham. A ideia se espalha no sentido de que isso poderia constituir uma "alternativa ao capitalismo". Nós vemos aí muito mais uma alternativa ao combate, uma alternativa à comuna. Para nos convencermos disso basta que nos debrucemos um pouco sobre a forma como a economia social e solidária foi intensamente instrumentalizada pelo Banco Mundial, notoriamente na América do Sul, como técnica de pacificação política nos últimos vinte anos. Sabemos que o louvável projeto de ajuda ao desenvolvimento nos países do "Terceiro

Mundo" nasceu nos anos 1960 na mente particula mente contrainsurrecional de Robert McNamara, Secretário de Estado da Defesa dos Estados Unido entre 1961 e 1968, o homem do Vietnã, do agente l ranja e da operação Rolling Thunder. A essência des projeto econômico não tinha nada de econômico e si: ela era puramente política, e o seu princípio e muito simples. Para garantir a "segurança" dos Est dos Unidos, isto é, para vencer as insurreições com nistas, era necessário privá-las de sua melhor causa: pobreza excessiva. Sem pobreza, não há insurreiçã Puro Galula. "A segurança da República", escrev McNamara em 1968, "não depende apenas, nem s bretudo, de seu poder militar, mas também da el boração de sistemas estáveis, econômicos e polític tanto aqui como nos países em desenvolvimento c todo o mundo." Numa perspectiva como essa, o cor bate contra a pobreza apresenta vários méritos: pe mite ocultar, desde o início, o fato de que o verdadei problema não é a pobreza, mas sim a riqueza — fato de que alguns detêm, em conjunto com o pod o essencial dos meios de produção; depois, ele produ uma questão de engenharia social em vez de um dac político. Aqueles que ridicularizam o fracasso quas stemático das intervenções de redução de pobreza ⸱ Banco Mundial, desde os anos 1970, fariam bem n se informar sobre seus repetidos e sinceros suces- ⸱s *naquilo que era o seu verdadeiro objetivo*: prevenir a ⸱surreição. Esse belo percurso durou até 1994.

Em 1994 foi lançado o Programa Nacional de So- ⸱ariedade [Pronasol] no México, com o apoio de 170 ⸱il "comitês de solidariedade" locais, com o intuito ⸱ amortecer os efeitos da violenta desestruturação ⸱cial que, logicamente, os acordos de livre comércio ⸱m os Estados Unidos iriam produzir, conduzindo à ⸱surreição zapatista. Desde então, o Banco Mundial ⸱osta apenas no microcrédito, pelo "reforço da auto- ⸱mia e pelo *empowerment* dos pobres" (Relatório do ⸱anco Mundial de 2001), nas cooperativas, no mutua- ⸱smo, ou seja: na economia social e solidária. "Favore- ⸱r a mobilização dos pobres nas organizações locais ⸱ra que controlem as instituições estatais, partici- ⸱m no processo de decisão local e, assim, colaborem ⸱ra assegurar o primado da lei na vida cotidiana", ⸱z o mesmo relatório de 2001. Entenda-se: cooptar ⸱n nossas redes os líderes locais, neutralizar os gru- ⸱s contestadores, valorizar o "capital humano", inte- ⸱ar tudo aquilo que até então escapava aos circuitos

Omnia sunt communia

mercantis, mesmo que marginais. A integração de dezenas de milhares de cooperativas, e mesmo de fábricas recuperadas no programa "Argentina Traba foi a obra-prima contrainsurrecional de Cristir Kirchner, sua resposta calibrada ao levante de 200 O Brasil não fica atrás com sua Secretaria Nacion de Economia Solidária, que, em 2005, recenseava quinze mil empresas e que se integra de modo a mirável na *success story* do capitalismo local. A "m bilização da sociedade civil" e o desenvolvimento de uma "outra economia" não são as respostas adequada à "estratégia de choque", como pensa ingenuamente Naomi Klein, mas a outra mandíbula de seu dispo tivo. Com as cooperativas é também a forma-empre alfa e ômega do neoliberalismo, que se propaga. Nã podemos nos alegrar placidamente, como fazem ce tos esquerdistas gregos, pela explosão no número e cooperativas autogeridas em seu país ao longo de últimos dois anos. Pois o Banco Mundial faz, em o tros lugares, exatamente as mesmas contas e com mesma satisfação. A existência de um setor econô mico marginal adepto do social e do solidário nã coloca em causa, em nenhum momento, a concentr ção do poder político e, portanto, econômico. Ele

reserva de qualquer questionamento. Por trás dessa
estrutura defensiva, os armadores gregos, o exército
e as grandes empresas do país podem continuar seu
business as usual. Um pouco de nacionalismo, uma pi-
tada de economia social e solidária, e a insurreição
pode muito bem esperar.

Para que a economia pudesse pretender o estatuto
de "ciência dos comportamentos", ou mesmo de "psicologia aplicada", foi preciso fazer proliferar pela superfície da Terra a criatura econômica — o ser da necessidade. O ser da necessidade, o necessitado, não é
coisa natural. Durante muito tempo só houve modos
de viver, e não necessidades. Vivia-se em determinada
porção deste mundo e sabia-se como nele se alimentar, se vestir, se divertir, sabia-se como nele construir
um teto. As necessidades foram historicamente produzidas pela retirada dos homens de seu mundo. Que
isso tenha tomado a forma de razia, de expropriação,
de *enclosures* ou de colonização, pouco importa. As
necessidades são aquilo com que a economia grati-
ficou o homem enquanto preço do mundo do qual
a o privou. Nós partimos daqui, seria fútil negá-lo.
Mas se a comuna se encarrega das necessidades, não
por uma preocupação econômica de autarcia, mas

Omnia sunt communia

porque a dependência econômica deste mundo é u[
fator político, bem como existencial, de contínuo av
tamento. A comuna responde às necessidades *tenc
em vista aniquilar em nós o ser da necessidade*. Seu gest
elementar é, onde quer que se verifique uma falta, s
dotar dos meios que a façam desaparecer tantas veze
quantas ela possa surgir. Alguns têm "necessidade c
casa"? Não nos limitamos a construir uma, pomos c
pé uma oficina que permita a qualquer um constru
rapidamente uma casa. Sentimos a necessidade d
um local para nos reunirmos, para conversar ou pa
festejar? Ocupamos ou construímos um, que coloc
mos também à disposição daqueles que "não fazei
parte da comuna". A questão, como se pode ver, nã
é a da abundância, mas a do desaparecimento da n
cessidade, ou seja, da participação num poder coletiv
capaz de dissolver o sentimento de que se enfrent
sozinho o mundo. A embriaguez do movimento nã
é suficiente; para tal é necessário uma profusão c
meios. Assim, é preciso estabelecer a diferença ent
a recente retomada da fábrica Vio.Me de Tessal
nica por seus operários e o bom número de tent
tivas argentinas de autogestão desastrosas, nas qua
a Vio.Me se inspira, no entanto. Isso porque desc

AQS NOSSOS AMIGOS

o início a retomada da fábrica foi concebida como uma ofensiva política apoiada sobre o resto do "movimento" grego, e não como uma simples tentativa de economia alternativa. Com as mesmas máquinas, essa fábrica de rejunte de pisos se converteu em fábrica de produção de gel desinfetante fornecido, em especial, para as enfermarias mantidas pelo "movimento". É o eco feito aqui *entre* as várias facetas do "movimento" que tem um caráter de comuna. Se a comuna "produz" é apenas de forma acidental; se ela satisfaz nossas "necessidades" é de alguma forma por acréscimo, por acréscimo de seu desejo de vida comum; e não tomando a produção e as necessidades como objeto. É na ofensiva aberta contra este mundo que ela vai encontrar os aliados que seu crescimento exige. O crescimento das comunas é a verdadeira crise da economia e o único fator sério de recessão.

4. PARTICIPAR DE UMA POTÊNCIA COMUM

Uma comuna pode se formar em qualquer situação, em torno de qualquer "problema". Os operários das fábricas AMO, pioneiros do comunalismo bolchevique, abriram a primeira casa-comuna da União

Soviética, pois, após anos de guerra civil e de revolução, estavam terrivelmente sem lugar para onde ir nas férias. Um *communard* escrevia assim, em 1930: "E assim que no teto da *datcha* coletiva as longas chuvas de outono começaram a tamborilar, sob esse teto foi tomada uma firme decisão: continuemos nossa experiência durante o inverno." Se não há um ponto de partida privilegiado para o nascimento de uma comuna, é porque não há um ponto de entrada privilegiado para uma época. Se nos ligamos minimamente a uma situação, qualquer que seja, ela nos devolve a este mundo e a ele nos liga, tanto ao que ele tem de não vivível quanto ao que ele tem de falhas, de aberturas. Há, em cada detalhe da existência, a forma da vida por inteiro. Visto que o objeto de qualquer comuna, no fundo, é o mundo, é preciso ter cuidado para não deixar a comuna se determinar totalmente pela tarefa, pela questão ou pela situação que presidiram sua constituição, e que foram apenas a *ocasião* para o encontro. No desenvolvimento de uma comuna, portanto, cruza-se um limiar saudável quando o desejo de estar em conjunto e o poder que nasce daí ultrapassam as razões iniciais de sua constituição.

Se houve um só ensinamento dado pela rua no decurso das últimas insurreições, além da difusão das técnicas de motim e o uso agora universal de máscaras de gás — esse símbolo de uma época que se tornou definitivamente irrespirável —, foi o de uma iniciação à alegria que vale por qualquer educação política. Não foram só os imbecis de nuca raspada de Versalhes que tomaram o gosto, nos últimos anos, pela manifestação selvagem e pelos confrontos com a polícia. A cada vez, as situações de urgência, de motim, de ocupação fizeram nascer mais do que inicialmente se colocava em jogo como reivindicação, estratégia ou esperança. Aqueles que desceram à rua em Taksim para impedir que fossem arrancadas seiscentas árvores acabaram por encontrar aí outra coisa para defender: a própria praça, enquanto matriz e expressão de um poder finalmente reencontrado, após dez anos de castração política e de desmembramento preventivo de tudo o que se assemelhasse a uma organização coletiva.

O que surge da comuna na ocupação da praça Tahrir, da Puerta del Sol, em certas ocupações norte-americanas ou nos quarenta dias inesquecíveis da república livre de Maddalena, no Vale de Susa, é a

259 *Omnia sunt communia*

descoberta de que podemos nos organizar em tantos planos que ninguém pode totalizá-los. Aquilo que nos subiu à cabeça foi isto: o sentimento de participar, de produzir a experiência de um poder comum, sem assinatura e passageiramente invulnerável. Invulnerável porque a alegria que emanava de cada momento, de cada gesto, de cada encontro *jamais* poderá ser retirada de nós. Quem faz comida para mil pessoas? Quem assume a rádio? Quem escreve os comunicados? Quem catapulta pedras contra a polícia? Quem constrói uma casa? Quem corta madeira? Quem é que vai falar a seguir na assembleia? Não sabemos e não nos interessa: é uma *força sem nome*, como dizia um Bloom espanhol que, sem o saber, tomava a noção de empréstimo aos heréticos do Livre Espírito do século XIV. Só o fato de sentir que aquilo que se faz, que aquilo que se vive, participa de um espírito, de uma força, de uma riqueza comuns, permite acabar com a economia, isto é, com o cálculo, com a medida, com a avaliação, com toda essa mentalidadezinha contabilística que em todo lugar é a marca do ressentimento, quer no amor quer nas fábricas. Um amigo que acampou durante muito tempo na praça Syntagma se espantava quando lhe perguntávamos como é que os gregos conseguiram organizar sua sobrevivência alimentar se o movimento havia incendiado o Parlamento e feito a economia do país cair de forma duradoura: "Dez milhões de pessoas nunca se deixarão morrer de fome. Mesmo que isso pudesse originar algumas briguinhas aqui e ali, essa desordem teria sido ínfima em relação àquela que normalmente reina."

O que é próprio da *situação* que uma comuna enfrenta é que, ao se entregar por inteiro, encontra-se sempre mais do que se leva ou do que se procura: encontra-se com surpresa sua própria força, uma resistência e uma inventividade que se desconhecia, e a felicidade que há em habitar estratégica e cotidianamente uma situação de exceção. Nesse sentido, *a comuna* é a organização da fecundidade. Ela faz nascer sempre mais do que reivindica. É isso que torna *irreversível* a agitação que tocou as multidões que desceram à rua em todas as praças e avenidas de Istambul. Multidões forçadas durante semanas a regular elas mesmas as questões cruciais de abastecimento, de construção, de cuidados médicos, de sepultura ou de armamento, aprendendo não só a se organizar, mas aprendendo o que uma grande parte ignorava; a saber: que nós *podemos* nos organizar e que esse poder é essencialmente divertido. Que essa fecundidade da rua tenha sido calada por todos os comentadores democráticos da "reconquista do espaço público" comprova demasiado bem sua periculosidade. A lembrança desses dias e dessas noites torna o dia a dia ordenado da metrópole ainda mais intolerável, bem como expõe sua vaidade.

Sirte, outubro de 2011

TODAY LIBYA, TOMORROW WALL STREET

I. UMA HISTÓRIA DE QUINZE ANOS

Em 3 de julho de 2011, em resposta à expulsão de Maddalena, dezenas de milhares de pessoas marcharam para o canteiro de obras ocupado pela polícia e pelo exército. Naquele dia, no Vale de Susa, houve uma autêntica batalha. Um policial meio aventureiro foi agarrado e desarmado pelos manifestantes nos *boschi* [bosque]. Do barbeiro à avó, praticamente todo mundo estava munido com máscaras de gás. Aqueles que eram demasiado velhos para saírem às ruas encorajavam-nos nas portas de suas casas com um *"Ammazzateli!"* [matem-nos!]. As forças de ocupação não foram enfim desalojadas de seu reduto. E no dia seguinte, os jornais de toda a Itália repetiam em uníssono as mentiras da polícia: "Maalox e amoníaco: a guerrilha Black Bloc" etc. Em resposta a essa

265 *Today libya, tomorrow wall street*

operação de propaganda caluniosa foi convocada uma coletiva de imprensa. A resposta do movimento foi anunciada nestes termos: "Bem, se atacar um canteiro de obras é ser Black Bloc, então somos todos Black Bloc!" Dez anos antes, quase todo dia, a grande imprensa havia dado a mesma explicação para a batalha de Gênova: o Black Bloc, entidade de proveniência desconhecida, tinha conseguido se infiltrar na manifestação e colocar a cidade em fogo e sangue por si só. O debate público opunha agora os organizadores da manifestação, que defendiam a tese de que o dito Black Bloc era, na verdade, composto por policiais à paisana, àqueles que viam ali uma organização sobretudo terrorista cuja sede se encontraria no exterior. O mínimo que se pode dizer é que, muito embora a retórica policial tenha se mantido idêntica, o movimento real trilhou seu caminho.

Do ponto de vista do nosso partido, uma leitura estratégica dos últimos quinze anos parte fatalmente do movimento antiglobalização, última ofensiva mundial organizada contra o capital. Pouco importa datar seu nascimento a partir da manifestação de 1997 em Amsterdã contra o Tratado de Maastricht, dos motins de Genebra em maio de 1998 contra a

OMC, do *Carnival Against Capital* de Londres em junho de 1999, ou de Seattle em novembro do mesmo ano. Pouco importa também que se considere que ele sobreviveu ao apogeu de Gênova, que ele ainda vivia em 2007, em Heiligendamm, ou em junho de 2010, em Toronto. O certo é que no final dos anos 1990 surgiu um movimento planetário que tomou como alvos multinacionais e órgãos mundiais de governo (FMI, Banco Mundial, União Europeia, G8, Otan etc.). A contrarrevolução global, que tomou como pretexto o 11 de setembro, deve ser compreendida como resposta política ao movimento antiglobalização. Depois de Gênova, a cisão que se revelava no próprio interior das "sociedades ocidentais" tinha que ser recoberta por todos os meios. De forma coerente, em 2008, é do próprio centro do sistema capitalista, do lugar que tinha sido o alvo privilegiado da crítica do "movimento antiglobalização", que partiu a "crise": do sistema financeiro. É que a contrarrevolução, por mais massiva que seja, tem o poder de apenas congelar as contradições, não de as abolir. Também, e de forma muito coerente, o que então regressa é o que sete anos antes havia sido brutalmente recalcado: "dezembro de 2008", resumia um camarada grego, "foi

Gênova na escala de um país inteiro e durante um mês". As contradições vinham amadurecendo por debaixo do gelo.

Historicamente, o movimento antiglobalização ficará como o primeiro golpe, tocante e irrisório, da pequena-burguesia planetária contra o capital. Como uma intuição de sua proletarização por vir. Não há uma única profissão sequer, entre aquelas históricas da pequena-burguesia — médico, jornalista, advogado, artista ou professor —, que não tenha se convertido em sua versão ativista: *street medics*, repórter alternativo do Indymedia, *legal team* ou especialista em economia solidária. A natureza evanescente do movimento antiglobalização, inconsistente até mesmo nessas rebeliões de contra-cúpula nas quais bastava um cassetete erguido para que uma multidão se dispersasse como um bando de pardais, liga-se ao caráter flutuante da própria pequena-burguesia, enquanto não classe entre duas, à sua indecisão histórica, à sua nulidade política. A pouca realidade de uma explica a pouca resistência da outra. Bastou que o vento invernoso da contrarrevolução se erguesse para pulverizar o movimento em poucas estações.

Se a alma do movimento antiglobalização foi a crítica do aparelho mundial de governo, pode-se dizer que a "crise" expropriou os depositários dessa crítica: os militantes e os ativistas. O que era evidente para alguns círculos reduzidos de criaturas politizadas é agora uma gritante evidência para todos. Nunca fez tanto sentido, e um sentido partilhado, quebrar bancos como desde 2008, mas, precisamente por isso, também nunca fez tão pouco sentido fazê-lo em pequenos grupos de rebeldes profissionais. Após 2008, tudo aconteceu como se o movimento antiglobalização tivesse se dissolvido na realidade. Ele desapareceu *precisamente porque se realizou.* Tudo aquilo que constituía seu léxico elementar como que passou para o domínio público: quem é que ainda duvida da descarada "ditadura da finança", da função política das reestruturações ditadas pelo FMI, da "destruição do meio ambiente" pela voracidade capitalista, da louca arrogância do lobby nuclear, do reino da mentira mais desavergonhada, da corrupção sem disfarce dos dirigentes? Quem não fica estupefato com a consagração unilateral do neoliberalismo como remédio para seu próprio insucesso? É preciso lembrar como, há apenas dez anos, as convicções que hoje em dia tecem o senso comum estavam reduzidas aos círculos militantes.

Não foi apenas o arsenal de práticas específicas ao movimento antiglobalização que foi pilhado "pelas pessoas". A Puerta del Sol tinha sua Legal Team, sua Medical Team, seu Info-point, seus hacktivistas e suas barracas de acampamento, como antes os tinha qualquer contracúpula ou qualquer encontro "No Border". Também as formas de assembleia, uma organização em *barrios* e em comissões, e mesmo os ridículos códigos gestuais, igualmente provenientes do movimento antiglobalização, foram levados para o coração da capital espanhola. Em 15 de junho de 2011, em Barcelona, as *acampadas* tentaram bloquear, na madrugada, com milhares de pessoas, o Parlamento da Catalunha de forma a impedir a votação do "plano de austeridade" — da mesma forma que, uns anos antes, se impedia os representantes dos diferentes países do FMI de entrar no centro de conferências. Os book bloc do movimento estudantil inglês de 2011 são a retomada, no âmbito de um "movimento social", de uma prática dos Tute Bianche nas contracúpulas. Em 22 de fevereiro de 2014, em Nantes, durante a manifestação contra o projeto de um aeroporto, a prática de agir mascarado em pequenos grupos móveis estava tão difundida que falar em "Black Bloc" era apenas uma forma de transformar o inédito em algo já bem conhecido, quando não era pura e simplesmente o discurso do ministro do Interior. Quando tudo o que a polícia discerne é a ação de "grupos radicais", não é difícil perceber que o que ela procura esconder é uma radicalização geral.

2. ROMPER COM A ATRAÇÃO PELO LOCAL

Eis que nosso partido está por todo lado, mas parado. É que, com o desaparecimento do movimento anti-globalização, a perspectiva de um movimento tão planetário como o próprio capital, capaz de enfrentá-lo cara a cara, também se perdeu. A primeira questão que se coloca para nós é, portanto, a seguinte: como é que um conjunto de potências situadas constitui uma força mundial? Como é que um conjunto de comunas constitui um partido histórico? Ou, para dizer de outra forma: foi preciso, num determinado momento, desertar do ritual das contracúpulas, com seus ativistas profissionais, seus *puppetmasters* deprimentes, suas revoltas previsíveis, sua plenitude de suas palavras de ordem e seu vazio de sentido, para criarmos laços com territórios vividos; foi necessário romper com a abstração pelo global; como poderemos, agora, romper com a *atração pelo local*?

Tradicionalmente, os revolucionários esperam a unificação de seu partido pela designação de um inimigo comum. É seu incurável vício dialético. "A lógica dialética", dizia Foucault, "é uma lógica que põe em jogo termos contraditórios no elemento homogêneo. Proponho substituir essa lógica da dialética pelo que chamarei de lógica da estratégia. E uma lógica da estratégia não faz valer termos contraditórios num elemento do homogêneo que promete sua resolução numa unidade. A lógica da estratégia tem por função estabelecer quais são as conexões possíveis entre termos díspares e que permanecem díspares. A lógica da estratégia é a lógica da conexão do heterogêneo, não é a lógica da homogeneização do contraditório".[1]

Nenhuma ligação efetiva entre as comunas, entre potências heterogêneas, situadas, poderá advir da

---

1. M. Foucault, *Naissance de la biopolitique*. Paris: Seuil, 2004 [Ed. bras.: *O nascimento da biopolítica*, trad. de Eduardo Brandão. São Paulo: Martins Fontes, 2008, p. 58].

designação de um inimigo comum. Se os militantes não conseguiram ainda, depois de quarenta anos de debate travados, dissipar a questão de saber se o inimigo é a alienação, a exploração, o capitalismo, o sexismo, o racismo, a civilização ou, na verdade, a totalidade do que existe, é porque a questão está mal colocada, porque ela é fundamentalmente desnecessária. O inimigo não é uma coisa que se designa assim que rompemos com o conjunto de suas determinações, que nos transportamos para um plano político ou filosófico qualquer. A partir desse rompimento, tudo se torna a mesma coisa, o real é sublimado pela própria estranheza que infligimos a nós mesmos: tudo é hostil, frio, indiferente. O militante poderá partir em campanha contra isto ou contra aquilo, mas sempre será contra uma forma de vazio, uma forma *de seu próprio vazio* — impotência e moinhos de vento. Para quem quer que *parta de onde está*, do meio que frequenta, do território que habita, da empresa em que trabalha, a linha da frente se desenha por si mesma, pela experiência, *por contato*. Quem está do lado dos canalhas? Quem não se arrisca? Quem se coloca em risco por aquilo em que acredita? Até onde o partido adversário se permite avançar? Ele recua perante o quê? Está apoiado sobre o quê? Não se trata de uma decisão unilateral, mas da própria experiência que traça a resposta a estas questões, de situação em situação, de encontro em encontro. Aqui, o inimigo não é mais aquele ectoplasma que constituímos por designação, o inimigo é aquilo que *se oferece a nós*, o que se impõe a todos aqueles que não fizeram o movimento de se abstrair do que são e de onde estão para se projetar, a partir desse despojamento, no terreno abstrato da política — esse deserto. Como também se oferece apenas aos que têm vida suficiente em si para não fugir instintivamente frente ao conflito.

Qualquer comuna declarada suscita ao seu redor, e por vezes até bem longe, uma nova geografia. Onde havia apenas um território uniforme, uma planície na qual tudo se trocava indistintamente numa obscura equivalência generalizada, ela faz brotar da terra uma cadeia de montanhas, todo um relevo compartimentado feito de desfiladeiros, de cumes, de passagens inauditas entre o que é amigo, de penhascos intransponíveis entre o que é inimigo. Nada mais é simples, ou é simples de outra forma. Qualquer comuna *cria* um território político que se estende e se ramifica na exata medida de seu crescimento. E é nesse movimento que ela desenha as veredas que levam a outras comunas, que ela tece as linhas e os laços que constituem nosso partido. Nossa força não nascerá da designação do inimigo, mas do esforço para que uns entrem na geografia dos outros.

Nós somos os órfãos de um tempo em que havia uma falsa divisão do mundo em partidários e inimigos do bloco capitalista. Com o naufrágio da mentira soviética, qualquer base de interpretação geopolítica simplesmente desapareceu. Nenhuma ideologia permite separar à distância o amigo do inimigo — por mais que alguns tentem desesperadamente restaurar as novas bases de uma leitura tranquilizante em que o Irã, a China, a Venezuela ou Bashar Al-Assad desempenham a figura de heróis da luta contra o imperialismo. Quem poderia definir *a partir daqui* a natureza exata da insurreição líbia? Quem consegue esclarecer, na ocupação de Taksim, quais as marcas do velho kemalismo e quais aquelas que se devem ao desejo de um mundo inédito? E Maidan? O que acontece em Maidan? É preciso ir ver. É preciso ir ao encontro. E discernir, na complexidade dos movimentos, as comunas amigas, as alianças possíveis, os conflitos necessários. Segundo uma lógica da estratégia, e não da dialética.

"Nós devemos ser desde o começo", escrevia o camarada Deleuze há mais de quarenta anos, "mais centralistas que os centralistas. É evidente que uma máquina revolucionária não pode se contentar com lutas locais e pontuais: hiperdesejante e hipercentralizada, ela deve ser tudo isso de uma vez. O problema concerne, portanto, à natureza da unificação que deve operar transversalmente, através de uma multiplicidade, não verticalmente e de maneira a esmagar esta multiplicidade própria ao desejo".[2] Desde que existam vínculos entre nós, a dispersão, a cartografia fragmentada de nosso partido não é uma fraqueza, mas, pelo contrário, uma forma de privar as forças hostis de qualquer alvo decisivo. Como dizia um amigo do Cairo, em 2010: "Acho que o que salvará o que acontece até o momento no Egito é que não há um líder desta revolução. Essa talvez seja a coisa mais desconcertante para a polícia, para o Estado, para o Governo. Não há nenhuma cabeça a cortar para que esta coisa pare. Como um vírus que

2. Gilles Deleuze, "Três problemas de grupo" in *A ilha deserta e outros textos*. Trad. bras. do capítulo de Cíntia V. da Silva. São Paulo: Iluminuras, 2006 p. 256.

se transmuta permanentemente para preservar sua existência, foi isso que nos permitiu conservar esta organização popular sem hierarquia, completamente horizontal, orgânica, difusa." De resto, o que não se estrutura como um Estado, como uma organização, só pode ser disperso e fragmentário e encontrar, em seu caráter de constelação, a própria matéria para sua expansão. Cabe a nós, portanto, organizar o encontro, a circulação, a compreensão e a conspiração entre as consistências locais. A tarefa revolucionária se tornou em parte uma tarefa de tradução. Não há um esperanto da revolta. Não são os rebeldes que devem aprender a falar anarquista, mas os anarquistas que devem de se tornar poliglotas.

3. CONSTRUIR UMA FORÇA QUE NÃO SEJA UMA ORGANIZAÇÃO

A dificuldade seguinte com a qual nos confrontaremos é: como construir uma força que não seja uma organização? Também aí, depois de um século de querelas sobre o tema "espontaneidade ou organização", a questão deve ter sido muito mal colocada para que ainda não se tenha encontrado uma resposta válida. Esse falso problema reside sobre uma cegueira, uma incapacidade para apreender as formas de organização que se escondem, de maneira subjacente, em tudo o que chamamos "espontâneo". Toda a vida, *a fortiori,* toda a vida comum, esconde de si mesma formas de ser, de falar, de produzir, de amar, de lutar, regularidades, portanto, hábitos, uma linguagem — formas. Só que nós aprendemos a não ver formas naquilo que se vive. Uma forma é para nós uma estátua, uma estrutura ou um esqueleto, de forma alguma um ser que se move, que come, que dança, que canta e que se rebela. As verdadeiras formas são imanentes à vida e só se apreendem quando em movimento. Um camarada egípcio contava: "Nunca o Cairo foi tão vivo como durante a primeira praça Tahrir. Visto que nada mais funcionava, cada um tomava conta daquilo ao seu redor. As pessoas se encarregavam do lixo, varriam elas mesmas as calçadas, e por vezes até as refaziam de novo, desenhavam afrescos nas paredes, preocupavam-se umas com as outras. Até a circulação tinha se tornado milagrosamente fluida, assim que os guardas de trânsito desapareceram. Aquilo de que nos demos conta de imediato é que tínhamos sido expropriados dos gestos mais simples, aqueles que fazem com que a cidade seja nossa e que nós pertençamos a ela. Na praça Tahrir, as pessoas chegavam e espontaneamente perguntavam como é que podiam ajudar, iam à cozinha, transportavam os feridos em macas, preparavam as faixas, escudos, lança-pedras, conversavam, inventavam canções. Acabamos nos dando conta de que a organização estatal de fato era a desorganização máxima, uma vez que se baseava na negação da faculdade humana de se organizar. Em Tahrir, ninguém dava ordens. Obviamente que se alguém tivesse posto na cabeça organizar tudo isso, teria sido o caos." Recordamos a famosa carta de Courbet durante a Comuna: "Paris é um verdadeiro paraíso: nada de policiais, nada de idiotices, nenhuma extorsão de qualquer tipo, nada de disputas. Paris caminha por si só como que sobre rodas, poderia ficar para sempre assim. Numa palavra, é um verdadeiro encanto." Das coletivizações de Aragon em 1936 às ocupações das praças nos últimos anos, os testemunhos do mesmo encanto são uma constante na história: a guerra de todos contra todos não é o que vem quando o Estado não está mais lá, mas o que ele sabiamente organiza enquanto existe.

Todavia, reconhecer as formas que a vida espontaneamente engendra não significa que possamos nos entregar a alguma espontaneidade para conservar e fazer crescer tais formas, para operar as metamorfoses necessárias. Isso requer, pelo contrário, uma atenção e uma disciplina constantes. Não a atenção reativa, cibernética, instantânea, comum aos ativistas e à vanguarda da gestão, que apenas se compromete pela rede, pela fluidez, pelo *feed-back* e pela horizontalidade, que gere tudo sem compreender, a partir de fora. Não a disciplina exterior, secretamente militar, das velhas organizações oriundas do movimento operário, que quase em todos os lugares se tornaram apêndices do Estado. A atenção e a disciplina de que falamos se aplicam à potência, a seu estado e a seu crescimento. Elas espreitam os sinais daquilo que a principia, adivinham o que a faz crescer. Elas nunca confundem o que surge do *deixar-ser* e o que surge do *deixar-ir* — essa praga das comunas. Elas velam para que não se misture tudo com o pretexto de tudo partilhar. Elas não são apanágio de alguns, mas o espírito de iniciativa de todos. Elas são simultaneamente a condição e o objeto da partilha verdadeira, e seu toque de requinte. Elas são nossa trincheira contra a tirania do informal. Elas são a própria textura do nosso partido. Em quarenta anos de contrarrevolução neoliberal foi acima de tudo essa ligação entre disciplina e alegria que ficou esquecida. Hoje a redescobrimos: a disciplina verdadeira não tem por objeto os sinais exteriores da organização, mas o desenvolvimento interior da potência.

4. CUIDAR DA POTÊNCIA

A tradição revolucionária é rotulada de voluntarismo como um defeito congênito. Viver voltado para o amanhã, marchar rumo à vitória, é uma das poucas formas de aguentar um presente que não disfarça seu horror. O cinismo é a outra opção, a pior, a mais banal. Uma força revolucionária deste tempo deve zelar sobretudo pelo crescimento paciente de sua potência. Essa questão foi reprimida durante muito tempo por trás do tema obsoleto da tomada de poder, e estamos relativamente desprevenidos para abordá-la. Nunca faltam burocratas que saibam exatamente o que pretendem fazer com a potência de nossos movimentos, isto é, como fazer dela um *meio*, um meio para *o seu fim*. Mas não temos o costume de nos preocupar com a potência em si. Sentimos que ela existe, percebemos suas flutuações, mas a tratamos com a mesma desenvoltura que reservamos a tudo o que se mostra "existencial". Certo analfabetismo na matéria não é estranho à textura nociva dos meios radicais: cada pequeno empreendimento de grupelho acredita de maneira imbecil que, empenhado como está numa luta patética por minúsculas parcelas do mercado político, sairá reforçado por enfraquecer seus rivais ao caluniá-los. É um erro: ganhamos potência ao combater um inimigo, não ao rebaixá-lo. Até o antropófago vale mais do que isso: se ele come seu inimigo é porque o valoriza tanto que quer se alimentar de sua força.

Sem poder beber na tradição revolucionária sobre esse ponto, podemos nos voltar à mitologia comparada. Sabe-se que Dumézil chegou, no estudo das mitologias indo-europeias, à sua famosa tripartição: "Através dos sacerdotes, dos guerreiros e dos agricultores articulam-se as 'funções' hierarquizadas de soberania mágica e jurídica, de força física e principalmente guerreira, de abundância tranquila e fecunda." Omitamos a hierarquia entre as "funções" e falemos antes de dimensões. Nós diríamos assim: toda a potência tem três dimensões, o espírito, a força e a riqueza. A condição de seu crescimento é manter as três juntas. Enquanto potência histórica, um movimento revolucionário é esse deslocamento de uma expressão espiritual — quer tome uma forma teórica, literária, artística ou metafísica —, de uma capacidade guerreira — quer seja orientada para o ataque ou para a autodefesa — e de uma abundância de meios materiais e de lugares. Essas três dimensões se combinaram de forma diversa no tempo e no espaço, dando origem a formas, a sonhos, a forças, a histórias sempre singulares. Mas cada vez que uma dessas dimensões perdeu o contato com as outras para se autonomizar, o movimento degenerou. Ele degenerou em vanguarda armada, em seita de teóricos ou numa empresa alternativa. As Brigadas Vermelhas, os situacionistas e os clubes noturnos — perdão, os "centros sociais" — dos *Désobéissants* como fórmulas-tipo do insucesso em matéria de revolução. Zelar pelo crescimento enquanto potência exige de qualquer força revolucionária um progresso concomitante em cada um desses planos. Ficar retido no plano ofensivo é ficar, por fim, sem ideias sagazes e tornar insípida a abundância de meios. Deixar de se mover teoricamente é ter a certeza de que se será pego desprevenido pelos movimentos do capital e de que se perderá a capacidade de pensar a vida em nossos locais. Renunciar à construção de mundos através de nossas mãos é se condenar a uma existência espectral.

"O que é a felicidade? O sentimento de que a potência *aumenta* — de que um obstáculo está prestes a ser ultrapassado", escreve um amigo.

Tornar-se revolucionário é se entregar a uma felicidade difícil, mas imediata.

Nós gostaríamos de ter sido breves. De ter deixado de lado as genealogias, as etimologias, as citações. Que um poema ou uma canção bastassem.

Gostaríamos que fosse suficiente escrever "revolução" em uma parede para que as ruas se incendiassem.

Mas era preciso desfazer o emaranhado do presente e, em cada lugar, acertar as contas com as mentiras milenares.

Era preciso tentar digerir sete anos de convulsões históricas. E decifrar um mundo onde a confusão floresceu num tronco de equívocos.

Nós nos dedicamos a escrever com a esperança de que outros se dediquem a ler.

Escrever é uma vaidade, a não ser que seja para amigos. Inclusive para amigos que ainda não conhecemos.

Nos próximos anos, nós estaremos onde quer que isto queime.

Em épocas tranquilas, não é tão difícil de nos encontrar.